Luis Martin

Matemáticas de la riqueza

MATEMÁTICAS DE LA RIQUEZA

LUIS MARTIN

Título: Matemáticas de la Riqueza: Descubre la Fórmula para Multiplicar tu Dinero

Autor: Luis Martín

ISBN: 9798852612809

Independently published

Aviso legal: La información proporcionada en este libro no constituye asesoramiento personalizado de inversión. El autor no se hace responsable de posibles pérdidas sufridas por el lector. Se advierte que los rendimientos pasados no garantizan rendimientos futuros, y que toda inversión conlleva el riesgo de pérdida de capital.

¡¡ENHORABUENA!!

Has tomado una gran decisión al leer este libro.

Simplemente por el hecho de empezar con este libro, significa que no eres una persona conformista y que quieres mejorar tu vida.

Uno de los aspectos principales para tener una mejor vida es tener un mejor control de tus finanzas.

Y eso veremos en este libro.

Sabrás qué es el dinero, su historia, cómo funciona y cómo puedes hacer que el dinero trabaje para ti, algo esencial para alcanzar la libertad financiera.

Adéntrate en estas páginas y descubre la clave hacia la libertad financiera.

Luis Martin

Matemáticas de la riqueza

CONTENIDOS

1.   ¿Jubilación a los 80 años?

La edad de jubilación cada vez va aumentando más, y posiblemente será superior a los 70 años dentro de poco.

El sistema de pensiones es insostenible, debido al envejecimiento de la población y la disminución de las tasas de natalidad.

La esperanza de vida de las personas cada vez es mayor, y actualmente se están haciendo investigaciones para intentar alcanzar la eterna juventud. El multimillonario Bryan Johnson es uno de los implicados de un experimento para conseguir la eterna juventud.

Los avances en inteligencia artificial e ingeniería genética conseguirán seguramente un avance muy grande en la medicina.

Actualmente, en España, hay unos 2 trabajadores en activo por cada pensionista. Esta ratio de trabajadores por pensionista no tiene mucha pinta de aumentar.

Qué panorama.

Imagínate trabajar incluso hasta edades superiores a 70 u 80 años.

Esto no parece nada descabellado que pueda pasar dentro de 10 o 20 años.

Hay unos trabajos más cómodos que otros. Eso está claro.

Pero imagínate quien trabaje en la obra hasta los 80 años.

Muy cómodo no parece.

Pues este es posiblemente el futuro que nos espera.

Y, ahora bien, ¿por qué tenemos que trabajar hasta la edad de jubilación?

Pues, en la mayoría de los casos esto se debe a que, si no trabajas hasta esa edad no recibirás la pensión contributiva, o al menos completa. Y claro, hay muchas personas que viven al día, por lo que, si no reciben una paga mensual, no tienen dinero suficiente para subsistir.

A la mayoría de las personas les pasa esto, por lo que tienen que trabajar por obligación hasta que se puedan jubilar.

Es duro, pero es lo que hay.

Si quieres poder jubilarte temprano, sólo hay 2 modos: conseguir ingresos pasivos que cubran los gastos de toda tu vida o ser político.

Ser político es uno de los modos. Suena a cachondeo. Pero tristemente es la realidad, al menos en España. Muchos de los políticos tienen pagas vitalicias, y si no, ya se las arreglan para robar dinero tanto durante su mandato como después de él.

Pero bueno. Este libro no es para hablar de política.

Pero si quieres la libertad financiera, metiéndote a política, si te va bien, tendrías la vida resuelta.

¿Se cansará algún día la gente de los políticos y habrá una revolución? No lo sé, pero lo que está claro es que, al menos en España no paran de tomarnos por tontos, y robarnos, y nadie se queja, por lo que parece que la cosa no irá a mejor.

Así que nada. Nos centraremos en este libro en el otro modo de conseguir la libertad financiera. Conseguirlo por ti mismo y sin robar a nadie ni estafar al pueblo.

¿Qué lecciones podemos sacar?

- La edad de jubilación se va a retrasar cada vez más. Mucha gente no tendrá más remedio que trabajar hasta la edad de jubilación para poder subsistir.

- El único modo de lograr la libertad financiera es conseguir generar ingresos de modo pasivo que te cubran todos los gastos.

2.   Quiero mi iPhone

Estaba yo en Kazan (Rusia) estudiando parte de un master de empresas y hubo algo que me llamó mucho la atención.

En esa ciudad, el sueldo medio era de unos 300€ al mes, o eso me decían, cuando estaba allí.

El caso es que, estaba en el bus para ir a la universidad, y me di cuenta de que había mucha gente con un iPhone.

Estudiantes.

Claro, y yo pensaba, ¿cómo es posible que en una ciudad donde el salario medio es de 300€, tenga todo el mundo un iPhone, que cuesta 1000€? No me cuadraba.

Así que pregunté a una amiga rusa, y lo que me dijo fue que para ellos es muy importante aparentar dinero, y que los iPhone muchas veces se los compran de segunda mano, pero que lo importante es tener un iPhone para aparentar dinero.

El iPhone que sí que era nuevo era el de Dina, mi compañera de clase, ella se acababa de comprar un iPhone recién salido al mercado.

¿Cómo lo compró, siendo estudiante?

Pues Dina trabajaba a media jornada en el KFC.

La pregunté cuánto ganaba, y era en torno a 100€ al mes.

Sé que parece poco, pero en casi todo Rusia, excepto en Moscú, el sueldo era muy bajo en esa época, no sé cómo estará ahora.

El caso es que Dina destinó el sueldo de 10 meses para comprarse un iPhone.

Una cosa está clara, el tiempo es limitado.

Un modo de verlo sería decir que compró el iPhone por 1000€, otro modo de verlo sería decirlo que lo compró con 10 meses, 200 días o 800 horas de su tiempo (algo menos descontando vacaciones).

Si es un trabajo que disfrutas haciendo, o que estás aprendiendo algo que te será de utilidad, no pienso que haya que mirar tanto el tiempo.

Pero dudo que Dina disfrutara recogiendo mesas y atendiendo clientes. También dudo que necesitara esos 10 meses para aprender lo que tuviera que aprender. No sé tú qué opinas.

Por cierto, el billonario inversor Warren Buffet tiene como primera posición en su cartera de inversión a Apple, representando ésta un porcentaje superior al 40% de su cartera de inversión.

Warren Buffet se dio cuenta del poder de marca de Apple y la comunidad tan grande que tiene, y lo aprovechó.

Y hablando de iPhone, apuntando con la cámara al siguiente código QR, podrás ver un vídeo en el que muestro cómo aproveché un buen momento de compra de acciones de Apple, en lugar de comprar iPhones:

¿Qué lecciones podemos sacar?

- La gente suele intercambiar su tiempo por dinero (asalariado), y ésta suele ser su única fuente de ingresos.
- Cuando el único ingreso es el cambio de tiempo por dinero, cualquier cosa que compres, la vas a estar comprando realmente con tu tiempo. Es decir, si tu única fuente de ingresos es tu trabajo, cada vez que

compres algo, podrías empezar a calcular el precio en horas de tu tiempo en lugar de en euros o dólares.

- La gente suele dar mucha importancia a las marcas. Una marca fuerte, va a poder conseguir mayor fidelización de clientes, así como operar con mayores márgenes de beneficios.

- Apple, es posiblemente la marca más fuerte del mundo. Invertir en Apple cuando tenga caídas grandes de precio, es una inversión que con altas probabilidades te dará beneficios a largo plazo.

3.   El club de la lucha

Hace tiempo vi una peli buenísima, El club de la lucha, interpretada por Brad Pitt y Edward Norton.

La peli va de un hombre que trabaja en una firma de seguros. Se pasa el día trabajando, y tiene grandes vacíos emocionales.

Luego, para intentar sentirse mejor, se pasa el tiempo buscando cosas que comprar.

Se gasta todo el dinero en comprarse cosas que no necesita, para intentar sentirse mejor, pero no consigue nada con eso.

Todo cambia cuando el protagonista conoce a Tyler Durden, un rebelde antisistema que le hace ver la vida de modo diferente.

Tyler se presenta como una rebelión contra el consumismo y las normas sociales establecidas.

Tyler parecía mucho más feliz que el protagonista, y tenía cosas que el protagonista no tenía.

El protagonista vivía una vida aburrida: trabajo, buscar cosas en las que gastar dinero para llenar sus vacíos y comprarlas, así día tras día. Además de su vida monótona y aburrida, estaba en baja forma física.

Tyler, era todo lo contrario en ese aspecto, estaba en muy buena forma física y no era nada consumista, no tenía apego por lo material.

La vida del protagonista comienza a ser más emocionante desde que conoce a Tyler. Se da cuenta de que le gustaría ser tomo Tyler Durden. Y Tyler le empieza a influenciar para que se parezca a él.

Su vida va a mejor.

¿Es un caso aislado el consumismo del protagonista?

Para nada.

La sociedad es cada vez más consumista. Y las empresas lo saben.

Y gran parte de ese consumo es por impulso.

Las chicas, por ejemplo, suelen comprar mucha ropa por impulso, aburrimiento o intentar sentirse mejor.

Esto pasa.

Date cuenta de que, en las compras online, por ejemplo, las empresas se preocupan constantemente por intentar que el proceso de compra sea lo más rápido y fácil posible.

Fíjate en Amazon, por ejemplo, cómo ha puesto la compra en 1 clic.

¿Qué lecciones podemos sacar?

- Si compras cosas que no necesitas, especialmente si es por impulso, tienes un problema, que debes intentar solucionar. Las compras por impulso te van a alejar de la libertad financiera, además de ser síntomas de otros problemas que puedas tener...
- Las cosas materiales no dan la felicidad.
- No descuidar aspectos necesarios, como el social o estar en forma, te van a hacer sentirte mejor...y son aspectos que no se pueden comprar con dinero. Además, tener buena salud te va a ahorrar mucho dinero en medicación en el futuro.

4. Millonario con 10€ al día

Puede que hayas visto algún vídeo por tiktok sobre cómo hacerte millonario con 10€ al día, de modo sencillo.

Y suena muy bonito.

Además, es cierto...o hasta ahora habría funcionado.

¿En qué consiste este "truco" del que se habla ahora tanto en redes? Consiste en aplicar el interés compuesto invirtiendo de modo periódico en el SP500.

El SP500 (Standard & Poor's 500) es el índice ponderado por capitalización de mercado que representa las 500 mayores empresas de Estados Unidos. Esto quiere decir, que cuanto más grande es una empresa (mayor capitalización de mercado), tiene un peso mayor en el índice.

¿y qué es la capitalización de mercado de una empresa? Esta se puede calcular multiplicando el número de acciones de la empresa por el precio de una acción de la empresa.

¿Cómo se calcula el porcentaje que representa cada empresa en el índice? El porcentaje que representa cada empresa en el índice SP500 se calcula dividiendo su capitalización de mercado entre la suma de todas las capitalizaciones de mercado de todas las empresas que componen el índice.

Bien.

Ya sabemos que es el SP500.

Ahora vamos a ver qué es el interés compuesto.

El interés compuesto se refiere al cálculo de intereses sobre el capital inicial y los intereses acumulados previamente, lo que permite que tu inversión crezca más rápidamente con el tiempo.

Al igual que una bola de nieve que rueda cuesta abajo y se hace más grande a medida que recoge más nieve, el interés compuesto funciona de manera similar.

Cuando los intereses generados se reinvierten y se añaden al capital inicial, el próximo cálculo de intereses se basa en un monto mayor. Esto significa que los intereses generados serán más altos en el siguiente período. A medida que esto se repite con el tiempo, los intereses acumulados se vuelven cada vez más significativos y contribuyen a un crecimiento exponencial de tu inversión.

El efecto bola de nieve implica que a medida que pasan los años, el crecimiento de tu inversión se acelera. Los intereses generados se suman al capital, lo que lleva a mayores intereses en el siguiente período. Este ciclo se repite y se amplifica a medida que el tiempo avanza, creando un efecto multiplicador en tus ganancias.

Por ejemplo, si pones 100€ en un producto que te dé un 10% anual, el primer año te daría 10€ (10% de 100€), el segundo año si reinviertes ese dinero, obtendrías 11€ (10% de 110€) y así sucesivamente, obteniendo cada vez más retornos.

Parecen diferencias pequeñas, pero con el paso del tiempo cada vez es mayor el dinero que recibes. Para que te hagas una idea, ya sé que puede que no llegues a vivir 1000 años porque aún no ha avanzado lo suficiente la medicina, pero si llegaras a vivir 1000 años, y metieras 100€ hoy con esa rentabilidad, en el año 1000 te estarían pagando una cantidad de 43 cifras...imagínate, eso anualmente. Y cada vez más.

Suena muy loco, pero tanto la inteligencia artificial como la medicina y la medicina están avanzando muy rápido los últimos años.

El caso es que esa sería la cantidad que recibirías anualmente, todos los años, sin hacer nada. Sólo metiendo 100€ hoy en algún producto que de 10% de rentabilidad.

Bueno, ya que sabemos qué es el interés compuesto y el SP500, veamos en qué consiste el famoso truco.

Es muy sencillo.

Tan sencillo como meter 300€ al mes (10€ al día) en algún fondo indexado que replique el comportamiento del SP500.

300€ todos los meses al índice.

Así de simple.

¿Por qué dicen que funciona? Porque el SP500 ha tenido una rentabilidad promedio anualizada desde su lanzamiento en 1923 (aunque el índice se creó en 1923, en esa época estaba formado solo por 233 empresas, y no fue hasta 1957 cuando empezó a estar formado por 500 empresas) en torno al 10%.

Suponiendo que esa rentabilidad promedio anualizada (10% aproximadamente) se seguiría manteniendo al largo plazo, si invertimos todos los meses 300€ en algún fondo que replique a ese índice, al cabo de 35 años tendríamos más de 1 millón de euros.

Puedes calcular tú mismo el dinero que tendrías en esta web:

Increíble:

Capital inicial (€)	
Adición anual (€)	€3,600.00
Años	35
Tasa de interés (%)	10%
	Calcular
Valor futuro	€1,073,256.50

Más de 1 millón de euros.

Sin pensar.

De modo sencillo.

Y no sólo eso, sino que, a partir de ahí, obtendríamos cada año más de 100.000€ (10% de 1 millón de euros) de modo totalmente pasivo, aunque ya no metamos más dinero.

Parece simple.

Metes 300€ todos los meses en el SP500, y en 35 años ya eres millonario.

Millonario sin pensar. Sin tener conocimientos de inversión si quiera.

Muy fácil.

En cambio, si durante esos 35 años, hubieras guardado en el banco los 300€ en lugar de invertirlos, a día de hoy tendrías 126.000€.

Pues bueno, hay una buena y una mala noticia. La buena es que lo puedes conseguir más rápido, bien invirtiendo más dinero o consiguiendo mayores rentabilidades que ese índice.

La mala, para el caso de que tuvieras pensado usar ese método, es que no tiene por qué seguirse manteniendo esa rentabilidad promedio en el futuro, podría ser mayor o podría ser menor. Una de las cosas que tienes que tener claras a la hora de invertir, es que las rentabilidades pasadas no garantizan rentabilidades futuras.

¿Qué lecciones podemos aprender?

- El SP500 es el índice ponderado por capitalización de mercado que representa las 500 mayores empresas de Estados Unidos.
- Puedes invertir de modo sencillo en el SP500 a través de algún fondo indexado que replique su comportamiento.
- Si hace 35 años hubieras empezado a invertir 300€ al mes en el SP500, a día de hoy serías millonario.
- Rentabilidades pasadas no garantizan rentabilidades futuras.

5.   No sin mi BMW

Vivimos en la sociedad de la apariencia. A casi todo el mundo le gusta aparentar buena vida, riqueza, etc.

Y las redes sociales son un potenciador de estas ganas de aparentar.

Comprar marcas de prestigio para aparentar riqueza es una de las cosas que más hace la gente.

Ya vimos que la gente es capaz de trabajar meses para comprarse un iPhone.

Pero bueno, un iPhone al final no supone tanta carga económica.

¿Cuál es el peor gasto que puedes tener siendo joven? Un coche nuevo, especialmente si es de marca reconocida.

Pero siempre vas a ver gente con sueldos bajos o medios, que llevan trabajando poco tiempo, y ya van por ahí con su BMW o Mercedes.

Algo tan simple como esto, puede cambiar tu futuro financiero, retrasándote unos años la libertad financiera.

Veamos un ejemplo.

Supongamos que te compras un BMW valorado en 36.000€, y tardas en pagarlo 10 años.

Cuando pasen los 10 años, el BMW ya no valdrá 36.000€, sino 8.000€, habrás perdido el 80% de la inversión.

Sin embargo, si hubieras metido mes a mes la misma cantidad (300€) en el SP500, al cabo de 10 años suponiendo que se mantienen rentabilidades pasadas, tendrías 63.000€.

En lugar de perder 28.000€, habrías ganado 27.000€.

Y eso con unas rentabilidades del 10%.

Si consiguieras mayores rentabilidades, invirtiendo en otros productos, la cantidad que tendrías sería aún mayor.

Vamos a ver el ejemplo para algunas rentabilidades:

20%: 112.000€

30%: 199.500€

40%: 351.900€

50%: 612.000€

60%: 1.045.000€

70%: 1.754.000€

80%: 2.884.000€

90%: 4.652.000€

100%: 7.365.600€

Date cuenta, que, si consigues convertirte en un crack invirtiendo, al cabo de 10 años ya tendrías la vida solucionada a nivel económico, y sólo invirtiendo 300€ al mes.

Ese dinero que tienes invertido, si lo sigues reinvirtiendo, aunque no metas más veces los 300€ mensuales, te seguirían generando dinero.

Por ejemplo, si consigues una rentabilidad del 40%, al cabo de 10 años tendrías 351.900€. Pero la cosa no acaba ahí. Estarías generando cada año 140.000€ (40% de 351.900€). Ese dinero lo generarías de modo totalmente pasivo y sin necesidad de seguir haciendo aportaciones anuales de dinero.

Ahora, si quieres, pudieras sacar cada año 30.000€ de los 140.00 que ganas, y dejar el resto de dinero que siga trabajando para ti. Siguiendo con el efecto bola de nieve y teniendo cada vez más dinero. Es mucho, aunque una parte te lo quitarán los políticos, para comprarse casoplones e irse de mariscadas. Pero aun así es mucho, y existen estrategias fiscales para pagar poco.

De todos modos, el que se compró el BMW, posiblemente tendrá que seguir trabajando de modo obligado, para poder ganar lo mismo que tú ganas sin trabajar.

Puede que incluso vea su BMW viejo, y ahora que le han subido el sueldo, se compre un coche incluso más caro, de 70.000€, para volver a iniciar otra vez el mismo proceso.

Tú, si has invertido, serías libre financieramente. El del BMW no.

Por supuesto, en caso de que ganes millones de euros con tu trabajo o negocio, un coche caro, siempre que suponga un pequeño porcentaje de tus ingresos, no supondría un cambio realmente importante en tus finanzas.

Otra desventaja de comprar un coche caro en relación a tus ingresos es que vas a tener más miedo de golpes o de que te lo ralles. Vas a tener más apego a tu coche igualmente.

¿Cómo hice yo cuando me compré el coche? Primero, retrasé su compra el máximo tiempo posible, para tener tiempo en poner mi dinero mientras a trabajar y empezar cuanto antes a utilizar el interés compuesto con el efecto bola de nieve. No necesitaba coche ya que vivía al lado del trabajo, y no era algo vital para mí. Por otro lado, cuando ya necesité comprar coche, me puse como requisitos que consuma poco combustible, que sea barato, que no me vaya a suponer muchos gastos en arreglos (esto es más difícil de saber a simple vista, y aquí tuve un fallo gordo) y que sea grande para poder hacer road trips durmiendo en un colchón que podría meter detrás. Lo de los road trips es cosa mía, el resto lo hice pensando desde un punto de vista financiero. Pues bueno, cuando compré el coche, me podría haber comprado un porche perfectamente sin plazos ni nada, pero me compré un coche de unos 5.000€.

El materialismo te hace esclavo.

¿Qué lecciones podemos aprender?

- Comprar cosas caras para intentar impresionar a los demás, te mantendrá pobre y esclavo del trabajo.
- Muchas personas compran cosas caras porque tienen otras inseguridades que intentan suplir con eso.
- El precio y el momento en el que te compres tu primer coche puede marcar una diferencia en tu camino a la libertad financiera, atrasándola o adelantándola.

6.   Activos, el secreto de los ricos

Los ricos se centran en adquirir activos, que son aquellas cosas que generan ingresos o aumentan en valor con el tiempo.

Por el contrario, los no ricos compran pasivos, que son aquellas cosas que generan gastos o disminuyen su valor con el paso del tiempo.

A simple vista parece fácil, compra activos y acabarás siendo rico.

Pero... ¿realmente es tan fácil?

Aquí nos pueden surgir varias dudas, como, por ejemplo: ¿Cómo sé si algo es un activo? ¿qué activo comprar?

Fácil, mira si te está generando ingresos o crees que aumentará de valor con el paso del tiempo. Por ejemplo, el BMW del capítulo anterior, si lo usas solo de modo personal, no es un activo sino un pasivo, ya que te genera gastos (impuestos, revisiones, arreglos, gasolina...), disminuye su valor con el paso del tiempo y no te genera ingresos.

Pero atención, aquí se puede usar la imaginación, para convertir objetos que a simple vista parecen pasivos en activos. Por ejemplo, el mismo coche del caso anterior, si se alquilara y los ingresos por alquiler fueran superiores a gastos y depreciación, podría ser un activo. Alquilar objetos es uno de los modos de convertir objetos que a simple vista son pasivos, en activos.

Otros ejemplos de alquiler son: viviendas, locales, patinetes eléctricos, bicis...

La otra cosa, no tan fácil de saber, es si va a subir de precio con el paso del tiempo. Por ejemplo, al comprar una vivienda, no hay total seguridad de que vaya a subir de precio, normalmente suben, pero no hay total seguridad sobre ello.

Ahora pasamos a la segunda pregunta: ¿qué activo comprar?

Todas las inversiones tienen un riesgo. Este riesgo es la posibilidad de que no obtengamos los beneficios que esperamos de ellas y en vez de ello tengamos pérdidas.

Por lo general, a mayor riesgo, mayores beneficios potenciales. Por ejemplo, imagínate un billete de lotería, hay quien lo podría considerar un activo ya que los potenciales beneficios son muy grandes, pero claro, el riesgo es muy muy grande igualmente ya que es más probable incluso que te caiga un rayo a que te toque la lotería. Yo no considero un billete de lotería como activo.

Otro ejemplo serían las criptomonedas, productos de muy alto riesgo, muy volátiles, y con beneficios potenciales muy altos.

A la hora de elegir activos para invertir, hay que tener en cuenta varias variables: rentabilidad, riesgo, barreras de entrada, conocimiento del activo, trabajo requerido para obtener beneficios y liquidez:

- **Rentabilidad**: Se suele medir en porcentaje sobre el dinero invertido, de modo anual. Por ejemplo, si ganas 1€ al año por cada 10€ invertidos, estarías obteniendo una rentabilidad anual del 10%.
- **Riesgo**: El riesgo mide la incertidumbre o probabilidad de pérdida asociada a una inversión. Como comentado antes, inversiones de mayor rentabilidad potencial suelen tener mayor riesgo.
- **Barreras de entrada**: A nivel financiero, una barrera de entrada para una inversión podría ser la cantidad de dinero requerida para empezar a invertir. Por ejemplo, si quieres invertir en una vivienda, la barrera de entrada serán los varios miles de euros necesarios para cubrir gastos iniciales y entrada de la vivienda. Por otro lado, para comprar una parte

de criptomoneda o de acción de empresa, puede que con un euro sea suficiente.

- **Conocimiento del activo**: Cuanto más conozcas el activo en el que inviertas, vas a obtener mayores rentabilidades y a la vez menor riesgo. Por ejemplo, si eres experto invirtiendo en vivienda, invertirás de modo más inteligente y obtendrás mayores rentabilidades que la media de mercado y también tendrás menor riesgo de fallo que alguien que no haya invertido nunca. Igual para el coso de las acciones y para el resto de los activos.

- **Trabajo requerido para obtener beneficios**: No todos los activos generan dinero sin requerir trabajo de tu parte. Por ejemplo, si tienes una vivienda alquilada, no te requerirá el mismo trabajo si la alquilas completa, por habitaciones o vacacional. Ahí hay un trabajo de gestión y limpieza que hay que hacer. Otro ejemplo totalmente opuesto serían los dividendos de las empresas, ahí no tienes que hacer nada, simplemente recibes el dinero en tu cuenta y ya.

- **Liquidez**: Cuando hablo de liquidez me refiero al tiempo que tardarías tanto en comprar el activo como en venderlo. Por ejemplo, la compraventa de una casa suele ser de baja liquidez ya que suele tardar varios meses. Por otro lado, la compraventa de acciones, por lo general, es de alta liquidez ya que es instantánea.

Comprar activos no es el único modo de conseguirlos, también los puedes crear. Ejemplos de activos que puedes crear son: vídeos de youtube, libros, canciones, blogs, apps, propiedades intelectuales como patentes, etc.

¿Qué lecciones podemos aprender?

- Los ricos compran activos, los no ricos compran pasivos.
- Los activos ponen dinero en tu bolsillo y/o hay expectativas de que aumente su valor con el paso del tiempo.
- Los pasivos se devalúan con el tiempo y/o sacan dinero de tu bolsillo.
- Un modo común para convertir un pasivo en activo es alquilarlo.
- A la hora de elegir un activo, tenemos que tener en cuenta: riesgo, rentabilidad, barreras de entrada, conocimiento del activo, trabajo requerido para obtener beneficios y liquidez.
- Algunos activos se pueden crear en lugar de comprarlos.

7.   El origen del dinero

En las sociedades primitivas no existía el dinero.

Y si no existía el dinero... ¿esto significa que era todo gratis? Sí. Todo gratis. Ya que las sociedades prehistóricas utilizaban sistemas de economía de subsistencia, donde las personas obtenían los recursos necesarios para sobrevivir directamente desde su entorno. Eran sociedades cazadoras-recolectoras con estilo de vida nómada.

Llegó un momento, sobre 10.000 años antes de Cristo, durante la revolución neolítica, en el que las sociedades dejaron de ser nómadas y se empezaron a asentar en diferentes zonas. Durante el neolítico, se empezó la agricultura y la ganadería, dejando poco a poco de lado el modelo anterior de caza y recolección. Surge la propiedad privada, las cosas empiezan a tener dueño.

¿Qué pasaba entonces cuándo tu querías comprar algo a su dueño? Aún no existía el dinero, ¿te lo seguías llevando gratis entonces?

Nada de eso.

Sí tenías que pagar, pero no con dinero, sino con otra cosa. Necesitabas tener algo que le interesara al dueño, e intercambiarlo por lo que tú quieras.

Por ejemplo, si querías comprar una gallina, necesitabas tener algo que le interese al dueño de las gallinas, por ejemplo, naranjas. Y llegar a un acuerdo con él sobre el intercambio, tal vez 20 naranjas a cambio de la gallina. Claro que, también podría darse el caso que no tengas nada que le interese al dueño, entonces no podrías tener el bien que quieras. O para conseguir algo, puede que necesitaras hacer muchos trueques intermedios hasta poder conseguir algo que le interese al dueño. Un proceso largo y lioso.

No parecía muy fácil comprar algo que digamos. La cosa se complica.

Antes por lo menos, podías coger lo que quisieras de la naturaleza.

¿Solución? Se empezaron a utilizar bienes amplia y constantemente demandados como medio común de intercambio para facilitar las cosas. Estos bienes podían ser pieles, cereales, ganado, metales como el oro o la plata, cacao, conchas, sal (de ahí viene la palabra salario) ...

Aun así, podría ser algo confuso. ¿cuál fue la solución? El comienzo del uso de monedas. Las monedas se comenzaron a usar alrededor del siglo VII aC. Date cuenta de que ya se usaban metales como medio de intercambio, así que se empezaron a crear monedas a partir de metales preciosos, para hacerlo más sencillo. El valor de las monedas venía determinado por su peso y composición de metales.

Con el paso del tiempo, se empezaron a utilizar metales más baratos para fabricar las monedas, pero manteniendo su valor nominal, es decir, el valor oficial aceptado por la sociedad, pero ya no estaba respaldado por su valor en los metales de los que estaban compuestas. Esto ocasionó problemas en varias ocasiones, a los gobiernos les dio por crear muchísimas monedas, y como su valor no estaba respaldado por ningún activo tangible, hubo casos de hiperinflación, pobreza extrema y revoluciones por ello.

Otro problema era que las monedas son pesadas. Para hacer compras muy grandes, había que llevar una cantidad enorme de monedas, por lo que podría llegar a ser complicado. Así que se comenzó también a usar el papel moneda o billetes, que representaban un valor en monedas. Podías cambiar las monedas por documentos que indicaban su valor en monedas, y deshacer el cambio cuando quieras.

Este uso del papel moneda comenzó alrededor del siglo VII, en China. ¿Problema? Empezaron a aparecer los primeros falsificadores de billetes. ¿Qué solución se encontró? Castigos muy fuertes, hasta con pena de muerte para los falsificadores. 1000 años más tarde, en el siglo XVII, los billetes comenzaron a utilizarse en Europa.

Más tarde, en el siglo XIX, se empezó a usar en algunos países el patrón oro. En el patrón oro, cada unidad monetaria tenía un valor fijo en términos de una cantidad específica de oro. Los bancos centrales y los gobiernos se comprometían a intercambiar billetes y monedas por oro a una tasa establecida. Esto permitía que las monedas tuvieran un respaldo tangible y limitaba la inflación (aumento generalizado y sostenido de los precios de bienes y servicios en una economía durante un período de tiempo).

A finales del siglo XX, se abandonó de nuevo el patrón oro debido a varios factores: necesidad de flexibilidad económica, crisis económicas y guerras, desequilibrios comerciales y limitaciones en las reservas de oro. Estos desafíos llevaron a la búsqueda de sistemas monetarios más flexibles y adaptativos. Entre medias hubo problemas, como confiscación del oro por parte del gobierno a los habitantes de Estados Unidos

Desde entonces, el dinero no está respaldado por ningún activo tangible. En cambio, el respaldo del dinero se basa en la confianza y la fe en el gobierno y en el sistema financiero.

Los países pueden imprimir todo el dinero que quieran, y de hecho lo hacen. Por lo general, los países son responsables, e intentan controlar la inflación. Pero también podemos dar con otros casos, de gobernantes que no tengan ni idea y destrocen económicamente a su país, como por ejemplo en Venezuela, en el que el dinero pierde casi todo su valor de un año para otro.

En paralelo, en 1950 surgen las tarjetas físicas como método de pago, e irán evolucionando. Ya no era necesario llevar billetes ni dinero encima para poder pagar.

Ya en 2004, empiezan en japón los primeros pagos a través del móvil. Poco a poco las tarjetas y el dinero físico dejan de ser indispensables como métodos de pago.

En 2009, aparece el bitcoin, como una forma de moneda digital descentralizada basada en la criptografía en la que los usuarios podían realizar transacciones seguras sin necesidad de intermediarios. Esta fue la primera criptomoneda. Su creador o creadores, bajo el pseudónimo de Satoshi Nakamoto, liberaron el bitcoin después de crearlo, por lo que no existe ningún organismo detrás del bitcoin. El bitcoin, al igual que el dinero actual, no está respaldado por ningún activo tangible, como pueden ser los metales preciosos. Simplemente se basa en la confianza que le tengan las personas. Como puntos a favor están su oferta limitada (21 millones de unidades), la divisibilidad y la transferencia rápida y global. Por otro lado, la volatilidad de sus precios y la falta de aceptación global son retos a los que aún se tiene que enfrentar bitcoin como moneda.

¿Será el bitcoin la moneda del futuro? No se sabe. Lo que sí está claro es que los gobiernos lo van a intentar evitar a toda costa porque quieren seguir teniendo el poder de control sobre la oferta monetaria.

Más adelante, empiezan a aparecer más criptomonedas, pero a diferencia del bitcoin, hay empresas detrás de estas monedas, por lo que no son monedas digitales completamente descentralizadas. Al igual que el bitcoin, tampoco están respaldadas por ningún activo tangible.

Los gobiernos, ante el temor de perder el control, han empezado a desarrollar sus propias criptomonedas oficiales, llamadas CBDC (Central Bank Digital Currency, en inglés).

¿Qué lecciones podemos aprender?

- El dinero surge en el s.VII a.C. como respuesta a las limitaciones de los sistemas de trueque.
- En sus comienzos, se empezaron con monedas, y su valor estaba determinado por activos tangibles: los metales de los que estaban compuestas.
- Posteriormente el dinero dejó de estar respaldado por activos tangibles.
- En el siglo VII se empezaron a utilizar billetes como alternativa a las monedas.
- En el siglo XIX algunos países empezaron de nuevo a respaldar el dinero con un activo tangible: el oro, aunque a mediados del siglo XX se abandonó esto y el dinero dejó de estar respaldado por ningún activo tangible.
- En 1950 se empezaron a usar las tarjetas como modo de pago.
- En 2004 empezaron los pagos con el móvil.
- La emisión de dinero por parte de bancos centrales y gobiernos, si no se realiza con un cierto control, puede causar hiperinflación (véase Venezuela).
- El bitcoin se crea en 2009 y es una moneda digital descentralizada, pero no está respaldada tampoco por ningún activo.

- Después del bitcoin, empezaron a aparecer otras criptomonedas, pero con empresas detrás. Tampoco respaldadas por ningún activo.
- Los gobiernos han empezado a desarrollar sus propias monedas digitales, CBDC.
- Por lo general, el dinero se devalúa con el tiempo debido a la inflación, cada vez puedes comprar menos cosas con el mismo dinero.

8. Terra Luna o cómo perdí 8.000€ con criptomonedas

Como comentado en el capítulo anterior, después del del bitcoin, varias empresas empezaron a crear sus propias criptomonedas, y a ponerlas a la venta.

La diferencia es que el bitcoin se liberó después de su creación, mientras que detrás del resto de criptomonedas había gente detrás.

El negocio perfecto a simple vista.

Crear dinero de la nada.

Antes, solo los gobiernos y bancos centrales podían crear dinero. Ahora las empresas también podían crear dinero.

Recordemos que el dinero que crean los gobiernos no está respaldado por ningún activo tangible, como el oro, por ejemplo. Su valor se basa en la confianza en gobiernos e instituciones.

Solo confianza.

Igual que el bitcoin y resto de criptomonedas, solo confianza.

El bitcoin, desde su creación, fue aumentando de precio.

Y claro, más empresas decidieron unirse al negocio del siglo. Se decían: "si la gente compra bitcoin, podrían comprar también nuestras monedas".

El negocio era muy simple: crean una criptomoneda, la dan mucha publicidad, la ponen en el mercado, y del total de criptomonedas ellos se quedan una parte muy importante. Luego, cuando su criptomoneda vaya ganando popularidad y subiendo de precio, pueden empezar a vender sus criptomonedas y ganar dinero.

Muchísimas personas al frente de estos negocios se hicieron multimillonarias.

Igualmente, los primeros compradores de muchas de ellas, se hicieron millonarios.

El negocio de las criptomonedas se parece mucho a una estafa piramidal, que ganes dinero depende de que convenzas de algún modo a otras personas de que compren también esa criptomoneda para que sigan subiendo de precio.

¿El mejor modo de convencer? Mostrando todo lo que has ganado con criptomonedas.

Mucha gente empezó a ganar dinero comprando criptomonedas. La voz se iba corriendo, por lo que cada vez más gente se lanzaba a comprar criptomonedas.

Seguían apareciendo nuevas criptomonedas, y la gente estaba a la expectativa, especulando con cuál de ellas se podría hacer millonario fácilmente.

El FOMO (Fear Of Missing Out, miedo a perderse algo, en inglés) estaba en auge. Todo el mundo hablando de criptomonedas y cuánto dinero podían ganar o habían ganado.

Era raro no conocer a alguien que no te hablara de cuánto dinero había ganado con criptomonedas.

Mucha gente ganaba dinero, pero los que estaban ganando realmente eran las personas que creaban esas criptomonedas.

Yo empecé a saber acerca de la existencia de las criptomonedas en el 2017, cuando el bitcoin costaba unos 2000$, pero no compré ninguna criptomoneda.

Más tarde, en el 2020, ya era imposible no oír hablar de criptomonedas a todo el mundo. Y yo no tenía nada. Sentía el FOMO, como que todo el mundo ganaba menos yo. Así que empecé a comprar criptomonedas sin entenderlas mucho.

Mi estrategia fue muy tonta, la verdad.

Dos años después, en 2022, empecé a comprar también stablecoins, que son criptomonedas que supuestamente mantienen su paridad siempre con el dólar, es decir, siempre van a valer 1 dólar. ¿Por qué las compraba? Primero, porque confiaba en que eso no podía fallar, y segundo, porque daban unos intereses por tenerlas. Y pensé que el dinero en efectivo que no vaya a usar, como los bancos no pagaban intereses, lo podría tener en una stablecoin, que sí pagaba.

Fallo mío.

Un fallo muy gordo.

El caso, es que había una stablecoin, UST, del proyecto Terraform Labs, que daba en torno a un 20% de intereses o así creo recordar. Un chollo pensé. Empecé a meter, y metí unos 7000€.

El caso, que poco después, vi como la moneda empezaba a caer, ya no valía 1 dólar como se supone que debería valer, sino bajaba a 0.96 dólares y así. Yo, no me preocupé mucho y pensé que sería algo temporal que solucionarían.

El caso es que no, siguió bajando, hasta 0.7 dólares. Yo ya con miedo, pero pensando que lo solucionarían.

Pero nada, siguió bajando hasta perder todo prácticamente.

Y la cosa no acabó ahí. En el proyecto de Terra, había 2 monedas: UST y LUNA. LUNA no era una stablecoin, era una criptomoneda normal, como el resto. El caso es que LUNA empezó a caer muchísimo también, caídas de más del 99%.

Yo no tenía nada de dinero en LUNA, pero, vistas las caídas, pensé en comprar para intentar compensar las pérdidas de UST. A poco que subiera, ganaría dinero. El caso es que fui metiendo dinero hasta llegar a los 1000 euros o así.

¿Qué pasó?

Igualmente siguió bajando y perdí prácticamente todo. Unos 8000€ perdidos en las criptomonedas de ese proyecto.

Mi caso no fue el peor. Había personas que habían puesto los ahorros de su vida en monedas de este proyecto, incluso pedían préstamos para comprar estas monedas. Tras las pérdidas, hubo incluso suicidios alrededor del mundo.

El CEO de la empresa Terraform Labs, fue acusado de fraude. Intentó escapar de la ley. No se sabe qué pasará con él. El caso es que ahora está en la cárcel, acusado de varios delitos.

Podemos ver, que cometí varios fallos en mis inicios con las criptomonedas, mayormente por falta de información.

Me gusta dividir las criptomonedas en 3 grupos: bitcoin, criptomonedas de empresas y criptomonedas de gobiernos. Bitcoin, teóricamente es totalmente descentralizado. Las criptomonedas de empresas hay empresas detrás y buscan su propio beneficio; y las criptomonedas de los gobiernos son como el dinero actual, pero con más control por parte de los gobiernos.

Las criptomonedas creadas por empresas, como ethereum, BNB, polkadot... son muy arriesgadas, y podrías perder todo tu dinero. En caso de comprar alguna, siempre usa STOP LOSS para parar posibles pérdidas, porque nada te garantiza que no vayas a perder todo.

Con bitcoin, pues depende, es arriesgado, porque su uso depende tanto de su aceptación por la sociedad como la no prohibición por parte de los gobiernos, pero podría ser la moneda del futuro, resistente a la inflación. También podría ser una reserva de valor, como sucede con el oro. Ya depende de ti si te fías o no.

Por otro lado, las criptomonedas digitales de los gobiernos, puede que su suo sea una obligación en un futuro, que las tengamos que usar. Así tendrían aún más control del que tienen ahora sobre nosotros.

¿Qué lecciones podemos aprender?

- Podemos dividir las criptomonedas en 3 grupos: bitcoin, criptomonedas creadas por empresas y criptomonedas oficiales creadas por gobiernos.
- Las criptomonedas creadas por empresas buscan el enriquecimiento de los dueños de las empresas. Tú, sin embargo, puedes perder todo.
- En caso de comprar estas criptomonedas de empresas, es indispensable usar stop loss para parar las pérdidas.
- Más vale perder un poco que perderlo todo.
- No metas dinero en algo que no entiendas.
- Sólo invierte con dinero que no vayas a necesitar.
- Ni se te pase por la cabeza pedir préstamos para comprar criptomonedas.

9.   Los bancos centrales y la creación de dinero

Un banco central es una institución pública encargada de administrar la moneda de un país o un grupo de países y controlar la cantidad de dinero en circulación, lo que se conoce como oferta monetaria. Su principal objetivo suele ser mantener la estabilidad de los precios. En algunos casos, también se les exige apoyar el pleno empleo.

Una de las herramientas principales de los bancos centrales es fijar los tipos de interés, que es el costo del dinero, como parte de su política monetaria. Sin embargo, cabe destacar que un banco central no es un banco comercial. Los ciudadanos no pueden abrir cuentas o solicitar préstamos directamente a un banco central, ya que se trata de una entidad pública sin fines de lucro.

El banco central actúa como un banco para los bancos comerciales y ejerce influencia sobre el flujo de dinero y crédito que llega a la economía con el fin de lograr precios estables. Los bancos comerciales pueden acudir al banco central para solicitar préstamos, generalmente a corto plazo, para cubrir sus necesidades. Para obtener estos préstamos, los bancos comerciales deben proporcionar garantías, como bonos públicos o valores de renta fija privada, que actúan como colaterales para asegurar la devolución del dinero.

Además de su papel en la provisión de liquidez a corto plazo, los bancos centrales desempeñan otras funciones importantes. Por lo general, emiten billetes y monedas, aseguran el correcto funcionamiento de los sistemas de pago para los bancos y los instrumentos financieros negociados, gestionan las reservas en moneda extranjera e informan al público sobre la situación económica. Muchos bancos centrales también supervisan los bancos comerciales para garantizar que no asuman riesgos excesivos, contribuyendo así a la estabilidad del sistema financiero.

Teóricamente, los bancos centrales deberían ser independientes, y tomar decisiones en política monetaria sin interferencia política o influencias externas. Aunque no siempre es así, ya vimos el caso de Venezuela, por ejemplo. Su banco central está altamente intervenido por el gobierno y se utiliza con fines políticos, causando desastres económicos.

Los bancos centrales empezaron a aparecen a mediados del siglo XVII. En la Eurozona, cada uno de los países que la componen tiene su propio banco central, además hay un banco central común para todos los países, El Banco

Central Europeo (BCE). Los países de la zona euro no pueden emitir nuevos billetes sin la autorización del BCE.

Otro banco central que es muy importante que conozcamos es el de Estados Unidos, la Fed. ¿Por qué es tan importante que conozcamos este banco central? Debido a la influencia del dólar como moneda de reserva, su impacto en los mercados financieros globales, su papel en la estabilidad económica mundial y su cooperación con otros bancos centrales. Recordemos que actualmente Estados Unidos es la primera potencia mundial. Las acciones y políticas de la Fed tienen repercusiones significativas en la economía global y en la estabilidad financiera de otros países.

Recordemos, que en el capítulo 7, comentamos que algunos países mantuvieron durante un tiempo el patrón oro, pero no profundizamos mucho. Así que vamos a ver algo más sobre ese tema.

Resulta que cuando estaba acabando la Segunda Guerra Mundial, se llegó a un acuerdo internacional entre 44 naciones aliadas en Estado Unidos con el objetivo de eliminar el proteccionismo comercial de los países. Este acuerdo tuvo lugar en 1944 bajo el nombre de Tratado de Bretton Woods. Mediante este acuerdo, se crearon el Fondo Monetario Internacional (FMI) y el Banco Mundial, además de promover el comercio internacional.

También se estableció el dólar como moneda de referencia internacional. Se llegó a un acuerdo por lo que el dólar utilizaría un patrón oro, y el resto de los países, en los intercambios comerciales sabían que podían cambiar sus dólares por oro cuando quisieran, 35 dólares a cambio de una onza de oro exactamente. Seguíamos con un patrón oro, pero con el dólar de intermediario, siendo una especie de patrón dólar-oro. El dólar comenzó a ser la moneda referencia de comercio internacional.

Más tarde, varios países empezaron a desconfiar de EEUU y de su solvencia para poder pagar con oro todos los billetes que estaba imprimiendo. Así que empezaron a pedir el cambio de vuelta, que les den oro a cambio de sus dólares. Y realmente los países tenían razón, Estados Unidos no tenía oro suficiente como para pagar todos los dólares que había emitido. Las reservas de oro en EEUU empezaron a mermar drásticamente, y de modo unilateral, el presidente de EEUU decidió romper el acuerdo que vinculaba los dólares con el oro, lo que supuso el fin del patrón oro (o dólar-oro).

Aun así, desde entonces, Estados Unidos sigue consolidado como primera potencia mundial, y el dólar como moneda de preferencia en el comercio internacional.

Las decisiones de la FED, afectan a nivel mundial.

Hay que estar muy atento a las acciones de los bancos centrales, especialmente a la FED, además de al banco central de la tu zona, por ejemplo, el BCE si vives en España. Todas las decisiones que tomen van a afectar de algún modo a tus inversiones. Estate especialmente atento a los tipos de interés.

¿Qué lecciones podemos aprender?

- Los bancos centrales son instituciones públicas responsables de la política monetaria de un país o grupo de países
- Entre sus funciones está el control de la emisión de moneda.
- Teóricamente deben ser independientes de los gobiernos, aunque no siempre es así.
- Hay que prestar atención a las acciones de los bancos centrales, especialmente a los tipos de interés.

10. El precio del dinero

Ya hemos hablado antes de la importancia de los bancos centrales y que debemos prestar especial importancia a los tipos de interés de ofrezcan.

¿Por qué debemos prestar tanta importancia? Este tipo de interés afecta a los bancos comerciales, las subidas de tipos de los bancos centrales conllevan subidas de los bancos comerciales. Recordemos que los bancos comerciales son los que usan las personas y las empresas para financiarse. Así que la financiación saldrá más cara.

Veamos un ejemplo muy simplificado, demasiado.

Supongamos que una empresa, obtiene un beneficio del 5% por cada euro invertido. Si invierte 1000€, obtendría 50€.
¿Qué pasa si los intereses son muy bajos? Vamos a suponer un caso extremo del 0% de interés. Pues a la empresa la interesará coger más dinero prestado para aumentar el dinero que gana. Podría, por ejemplo, coger otros 1000€, y estaría ganando así 100€ en lugar de 50€, apalancándose en el banco, pero poniendo ella el mismo dinero. Así que, si la empresa ve oportunidades claras de expansión de negocio, tomará préstamos y el negocio crecerá:

- Beneficio obtenido con su capital propio = 50€
- Beneficio obtenido con dinero del banco: 1000x0.05 - 1000x0 = 50€
- Beneficio total = 50 + 50 = 100€

Ahora supongamos otro caso, que el tipo de interés se lo prestan al 7%. En este caso, ya a la empresa no la interesa coger el préstamo, ya que, si lo tomara, ganaría menos dinero que si no lo tomara. Veamos un cálculo muy simplificado para el caso de que tomara prestados otros 1000% al 7% de interés:

- Beneficio obtenido con su capital propio = 50€
- Beneficio obtenido con dinero del banco: 1000x0.05 - 1000x0.07 = -20€
- Beneficio total = 50 - 20 = 30€

Vemos que, en este segundo caso, con los intereses más altos, no interesaría a la empresa pedir el crédito al banco.

Repito, que he simplificado los cálculos demasiado, sin tener en cuenta otras cosas, como los impuestos, por ejemplo. El objetivo era hacerlo más claro y sencillo.

Y esta es la situación que pasa cuando los bancos centrales suben los tipos de interés. Muchas empresas, especialmente las que tengan márgenes de beneficios más pequeños, van a tener problemas para crecer o incluso sobrevivir si ya están endeudadas.

Más afectadas aún van a estar las empresas que ya estén pasando por un mal momento económico previo a la subida de tipos. Igualmente, las empresas de nueva creación y alto crecimiento que aún no estén obteniendo beneficios, tendrán mayores problemas.

En general, lo que va a pasar tras una subida de tipos de interés como parte de una política monetaria restrictiva suele provocar una desaceleración de la economía. Por el contrario, una bajada de tipos de interés como parte de una política monetaria expansiva suele causar aceleración de la economía.

¿Qué lecciones podemos aprender?

- Las políticas restrictivas de los bancos centrales suelen provocar una desaceleración del crecimiento económico.
- Las políticas expansivas de los bancos centrales suelen provocar una aceleración del crecimiento económico.

11. Comparando rentabilidades

A la hora de invertir, tenemos varias alternativas diferentes que hacer con nuestro dinero.

Algo sobre lo que mucha gente no se para a pensar, es que siempre que tengamos dinero parado estamos invirtiendo.

¿Cómo?

¿Estamos invirtiendo, aunque no invirtamos en nada?

Sí. Aunque parezca que no estamos invirtiendo en nada por tener el dinero en el banco, estamos invirtiendo en esa moneda en la que tenemos el dinero. En la confianza que damos a nuestra economía de que mantenga una moneda fuerte.

El dinero parado, que es la inversión más común, suele ser una inversión con rentabilidad negativa, a causa de la inflación.

El dinero en el banco cada vez vale menos, puedes comprar menos cosas con el mismo dinero.

Recordemos que el dinero actual no está respaldado por ningún activo tangible, y los bancos centrales pueden imprimir todo el dinero que quieran.

Bueno, y ¿cuánto valor pierde cada año el dinero en el banco? Pues, por ejemplo, en la Unión Europea, el Banco Central Europeo tiene un objetivo de mantener la inflación por debajo del 2%, y sí que suele conseguir mantenerla por debajo del 2-3%, aunque no siempre.

Puedes ver más información actualizada al respecto en la web oficial del BCE:

Bien. Entonces, podemos decir que el dinero que tienes en el banco va perdiendo valor con el paso del tiempo, puedes comprar menos cosas con él.

Si vives en un país con muy alta inflación, como Venezuela, tu dinero en el banco es la peor inversión posible.

¿Eso significa que no debo tener dinero en el banco?

No exactamente. El dinero en el banco debería ser lo justo para mantener tus gastos entre 6 meses y 2 años, dependiendo de tu estabilidad laboral y otros ingresos. Y en el caso de que vivas en un país con una inflación muy alta, lo mismo, pero guarda tus ahorros en otra divisa, como el dólar.

Por ejemplo, si no tienes un trabajo fijo ni generas otros ingresos, pues lo ideal sería tener ese colchón de 2 años para cubrir tus gastos ante imprevistos. Podrías guardar menos, o más, ya depende de tu aversión al riesgo.

Sencillo.

¿Y qué pasa cuando ya tenemos ese dinero en el banco?

Pues tenemos que pensar qué hacer con el resto.

¿Qué usamos como punto de partida para comparar rentabilidades?

El punto de partida vamos a usar la inversión de menos riesgo posible, que normalmente será la deuda pública (letras, bonos, obligaciones), dependiendo de la calificación crediticia del país. En países como Estados Unidos y España, por ejemplo, la deuda pública puede ser un buen valor de referencia para comparar rentabilidades.

Bien.

Por ejemplo, si la rentabilidad de invertir en deuda pública es de un 5%, y además con riesgo casi nulo, sería una tontería hacer cualquier otro tipo de inversión que tenga una rentabilidad esperada menor que eso.

Imagínate alguien que piensa, por ejemplo, en comprar un piso para alquilarlo, en un momento en el que la deuda pública de una rentabilidad del 5%, y el piso calcula que le dará una rentabilidad neta del 4%...pues no tendría ningún sentido esta inversión. Bueno, vale que el piso o el alquiler podrían subir de precio en un futuro y aumentar esa rentabilidad...o no, no se sabe.

¿Qué pasa entonces cuando la deuda pública empieza a ofrecer altas rentabilidades? Muchos inversores se deciden por no arriesgar en otras inversiones y comprar deuda pública.

¿Y cuándo la deuda pública ofrece rentabilidades muy bajas? Pues, al contrario, deja de ser interesante.

El caso es que, antes de hacer cualquier inversión, debes tomar como referencia la rentabilidad de la deuda pública (en caso de vivir en un país solvente), ya que no tiene riesgo (o muy muy poco), y a partir de ahí, la comparas con la rentabilidad esperada de la inversión que pensaras hacer.

¿Qué lecciones podemos aprender?

- Tenemos que guardar dinero en el banco como para cubrir todas nuestras necesidades durante 6-24 meses, dependiendo de nuestra situación laboral y otros ingresos.
- En caso de que vivas en un país con una inflación muy alta, guarda tus ahorros en otra divisa, como el dólar de Estados Unidos.
- Como punto comparativo a la hora de comparar rentabilidades de cualquier inversión podemos usar la rentabilidad de la deuda pública si nuestro país tiene un alto rating crediticio.

12.   ¿En qué invertir?

A la hora de invertir, tenemos varias alternativas diferentes que hacer con nuestro dinero: acciones, criptomonedas, bienes raíces, materias primas, objetos de colección, whisky, fondos de inversión, deuda pública...

Como comentado antes, la hora de elegir uno otro dependerá de varios factores: rentabilidad, riesgo, barreras de entrada, conocimiento del activo, trabajo requerido para obtener beneficios y liquidez.

A mí, actualmente, el sector que más me gusta son las acciones.

¿Por qué?

Porque es un sector en el que tengo mucha experiencia, no me requiere trabajo presencial y consigo obtener altas rentabilidades.

Puedo invertir desde cualquier parte del mundo. Con el móvil.

Si me quisiera mudar a otra ciudad o país, puedo seguir teniendo un control de la inversión.

No digo que el mercado bursátil sea el mejor. Digo que, para mí, ahora mismo, es el mejor, porque gano mucho dinero y lo controlo muy bien.

Pero yo no paro de estudiar sobre inversiones, y, si en algún momento, veo alguna otra opción con muy altas posibilidades de ganar más dinero, seguramente también lo haga.

Tú tendrías que averiguar con qué inversión te sientes más cómodo.

Por ejemplo, mucha gente se siente más cómoda comprando viviendas, porque es algo que pueden ver y tocar.

Lo ven como una inversión segura. El ladrillo.

A mí, por ahora no me ha convencido por varios motivos: la rentabilidad neta que he calculado para el alquiler me sale menor que la que obtengo en el mercado bursátil, requiere más trabajo por el trato con inquilinos, me pueden okupar el piso y la ley se lo permite, me pueden llamar los inquilinos por algún problema extra y tendría que desplazarme hasta allí, con el paso del tiempo requieren nuevas reformas y además se requiere mucho dinero para cada operación.

Pero bueno, todo depende de tus preferencias. En la inversión inmobiliaria, normalmente las altas rentabilidades de alquiler (sin contar apalancamiento con el banco), suelen ser de pisos sin ascensor, con muchos años y en zonas algo conflictivas.

Oportunidades para sacar rentabilidades con el alquiler no suelen ser comunes, y menos comprando en portales como idealista. Las oportunidades buenas de inversión vienen de contactos. Así que sí, en caso de que tengas buenos contactos en el sector inmobiliario, puede que sí puedas obtener mejores rentabilidades.

Hemos visto antes, que el SP500 ha tenido rentabilidades medias del 10% anual. No es muy alta, pero se parece bastante a una buena rentabilidad de alquiler de pisos, o eso creo. Una buena, no una normal. Y sin ningún tipo de gestión.

Y hablando de pisos, ¿cuándo sí se pueden obtener rentabilidades altas de alquiler incluso si no tienes contactos del sector? Cuando los tipos de interés son bajos. Por ejemplo, hace unos años, ha sido buen momento para invertir en inmuebles, ya que los bancos estaban dando hipotecas de poco más del 1%, pudiendo obtener rentabilidades netas mayores.

Aquí puedes ver un ejemplo del cálculo de rentabilidad de comprar un piso para alquilarlo:

En caso de comprar vivienda con la esperanza de que se revalorice con el tiempo, esto no tiene por qué ocurrir siempre. Dependerá de muchos factores. Pero no siempre va a ocurrir, al menos a corto plazo. A continuación, vemos la evolución del precio de la vivienda en España desde el año 2006 hasta el 2023:

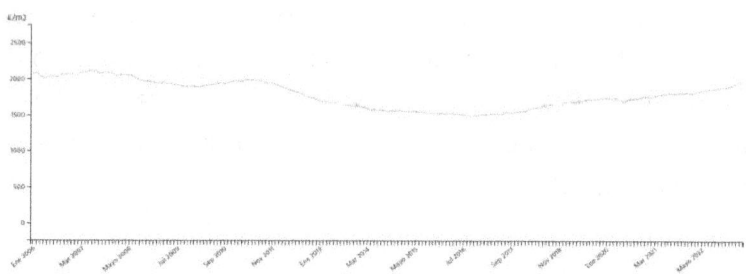

Y el del alquiler de la vivienda en España:

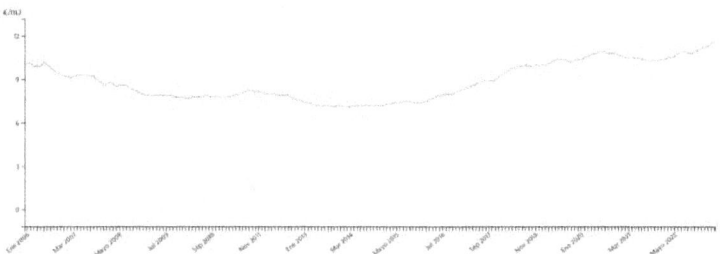

Son datos del portal inmobiliario Idealista. Puedes comprobar tú mismo rentabilidades tanto de España, como por zonas concretas en su web:

Por otro lado, aquí vemos la evolución del índice SP500 en el mismo periodo de tiempo:

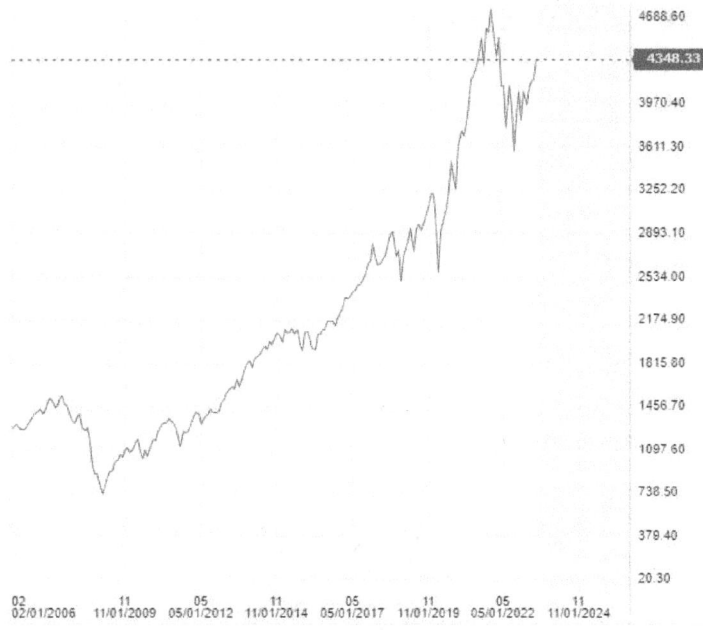

Puedes ver tú mismo la evolución histórica del SP500 en la web Investing:

Podemos ver que, en los últimos años, mientras que el precio medio de la vivienda en España se ha mantenido estable, el índice SP500 se ha multiplicado por 4 aproximadamente. Claro que hay ciudades que sí han aumentado mucho de precio. Igualmente hay acciones que han aumentado muchísimo más de precio que el índice SP500, como Apple que se ha multiplicado por 100 en el mismo periodo.

Se podría argumentar que, pese a que el precio de la vivienda se ha mantenido estable, podrías haberla alquilado todos estos años y así haber obtenido una rentabilidad extra. Bueno, al invertir en el SP500, también obtendrías un ingreso extra, gracias a los dividendos. La rentabilidad media de los dividendos del SP500 está alrededor del 1.4%, que es algo menor que la rentabilidad media del alquiler de un piso...o no, también podría pasar que te okupen el piso y la rentabilidad se vaya a la mierda.

¿Y qué hay del oro?

Veamos en la siguiente gráfica la evolución de su precio:

Igualmente, puedes ver tú mismo la evolución de su precio en la web de Investing:

Se puede ver, que, en el mismo periodo de tiempo, del 2006 al 2023, el precio del oro se ha multiplicado por algo más de 3 veces.

De las 3 inversiones comparadas, de la única que no habrías obtenido ingresos extra, habría sido el oro. Recordemos que en vivienda podrías haber obtenido ingresos del alquiler, y de invertir en el SP500, habrías obtenido dividendos.

Y bueno, ya digo que el conocimiento del sector es muy importante. Y vuelvo a recordar que invertir tiene un riesgo, que es menor cuanto más conozcas el sector. Por eso, no inviertas en algo que no entiendas o no conozcas.

A partir de ahora, cuando hable de inversiones, me referiré en particular al mercado bursátil, que es en el sector donde tengo más experiencia.

¿Qué lecciones podemos aprender?

- Existen muchas alternativas de inversión.
- No inviertas en nada en algo que no entiendas.
- El conocimiento del sector aumentará tu rentabilidad y disminuirá el riesgo.

13. Historia del mercado bursátil

Es interesante conocer la historia, ¿qué ha pasado antes?, porque esto nos puede dar pistas sobre qué podría pasar en un futuro en situaciones parecidas.

Así que vamos a ver un poco algo de historia. Primero veremos la historia de la bolsa y luego profundizaremos en las caídas más importantes de la bolsa de Estados Unidos.

El mercado bursátil tiene sus raíces en la antigüedad, pero el concepto moderno de bolsa y mercados de valores ha evolucionado a lo largo del tiempo.

En la antigua Grecia y Roma, existían reglas para los intercambios y los comerciantes se reunían en lugares específicos para llevar a cabo transacciones. Sin embargo, fueron las lonjas que surgieron en Europa alrededor del siglo XII las que se consideran los primeros lugares oficiales para realizar transacciones y compraventas de bienes. Estas lonjas congregaban a mercaderes y comerciantes y pueden ser consideradas los antecedentes de las bolsas de valores actuales.

En los siglos XII y XIV, el centro financiero de Europa se desplazó gradualmente desde el norte de Italia hacia ciudades comerciales como Amberes, Brujas y los Países Bajos.

La palabra "bolsa" se atribuye a las ferias celebradas en la ciudad de Brujas alrededor de 1360. Estas ferias tenían lugar frente a la mansión de un influyente hombre de negocios conocido como el "Caballero de las Bolsas", cuyo escudo de armas mostraba tres bolsas talladas en la fachada. La primera bolsa oficial se creó en Amberes en 1531.

Entre los siglos XV y XVIII, ocurrieron eventos importantes en el mercado de valores. En 1600, se estableció la Compañía Inglesa de las Indias Orientales, considerada la primera sociedad anónima, lo que generó el primer auge en los mercados de valores. En 1610, se fundó la Compañía Holandesa de las Indias Orientales, que estableció que sus acciones solo podían liquidarse mediante su venta en la Bolsa de Ámsterdam. Esto condujo a la especulación y, finalmente, a la "crisis de los Tulipanes", considerada el primer colapso del mercado en la historia.

En los siglos siguientes, surgieron nuevas especulaciones y avances en los mercados bursátiles. La Bolsa de Londres se estableció entre 1760 y 1775, convirtiéndose en un centro de referencia para el comercio de valores. En España, se creó la Bolsa de Madrid en 1831. La Bolsa de Nueva York se creó en 1865 y se convirtió en un mercado de valores importante, superando a la Bolsa de Londres en términos de volumen de negociación y capitalización bursátil.

Vamos a ver a continuación algunas de los momentos de crisis más importantes en la bolsa de Estados Unidos:

- **El Crack de 1929**: Esta es la caída más famosa y devastadora en la historia de la bolsa de Estados Unidos. Comenzó el 24 de octubre de 1929, conocido como el "jueves negro", cuando el Dow Jones Industrial Average cayó aproximadamente un 11%. La caída continuó durante varios días, y el mercado bajista duró hasta 1932. En total, el Dow Jones perdió alrededor del 86% de su valor durante este período.

  ¿Por qué pasó esto? Por una burbuja en los mercados financieros. Durante la década de 1920 hubo un crecimiento económico acelerado, la gente se confió en que las acciones deberían subir mucho en consecuencia, y mucha gente, hasta sin conocimientos, se pusieron a invertir, incluso pidiendo préstamos. Llegó un momento en el que las acciones estaban altamente sobrevaloradas y la burbuja explotó.

- **Lunes negro de 1987**: El 19 de octubre de 1987, conocido como el "lunes negro", el mercado de valores de Estados Unidos experimentó una caída masiva. El Dow Jones cayó un 22.61% en un solo día, lo que sigue siendo la mayor caída porcentual en un solo día en la historia del índice.

Las causas precisas de este colapso no están del todo claras, pero se pueden identificar algunos factores que contribuyeron a la situación. En primer lugar, la economía estadounidense enfrentaba desafíos, como una alta inflación y problemas en el suministro de petróleo. Además, la depreciación del dólar y el aumento de los precios de las materias primas generaron incertidumbre y volatilidad en los mercados. El lunes negro también fue influenciado por eventos internacionales, como una disminución en el mercado de valores de Hong Kong, que se contagió al resto del mundo. La interconexión de los mercados financieros globales permitió que las fluctuaciones en una región tuvieran un impacto significativo en otras.

A pesar de la magnitud del colapso, es importante destacar que la caída fue seguida por una rápida recuperación. El mercado bajista duró solo cinco sesiones, y el Dow Jones logró recuperarse en gran medida en los meses siguientes.

- **Burbuja de las puntocom (2000)**: La burbuja puntocom tuvo lugar entre 1997 y 2000, caracterizado por un crecimiento explosivo en las acciones de empresas tecnológicas relacionadas con Internet. Se generó una burbuja especulativa impulsada por la creencia de que estas empresas representaban la nueva economía. Sin embargo, muchas de estas compañías no lograron mantener su éxito y muchas quebraron durante este período.

En marzo de 2000, se produjo una abrupta caída en el mercado, particularmente en el índice tecnológico NASDAQ, que se depreció en un 78% en octubre. Esta crisis afectó principalmente a las empresas tecnológicas y no tuvo un impacto significativo en la economía real. Aunque algunas empresas consolidadas, como Amazon, Google y Microsoft, lograron superar la crisis y se convirtieron en líderes de la industria.

Este evento sirvió como una lección sobre la importancia de la viabilidad y la solidez financiera de las empresas, y cómo la especulación excesiva puede llevar a un colapso del mercado.

- **Crisis financiera de 2008**: Durante la década de 2000, el mercado inmobiliario en Estados Unidos experimentó un rápido crecimiento y se formó una burbuja inmobiliaria, similar a lo ocurrido en la crisis puntocom. Se otorgaron préstamos hipotecarios con facilidades extremas, incluso a personas sin recursos, conocidos como préstamos subprime.

En 2006, el mercado inmobiliario colapsó, desencadenando una crisis en la cadena financiera. Esta crisis se propagó rápidamente y se convirtió en la crisis financiera global de 2008, a medida que se extendía por toda la economía. En septiembre de 2008, la quiebra de Lehman Brothers marcó el comienzo de un desplome bursátil.

Aunque sorprendentemente, ninguna de las caídas diarias durante esta crisis se encuentra entre las cinco mayores caídas del Dow Jones. Este mercado bajista duró 517 sesiones, hasta que alcanzó su punto más bajo en marzo de 2009. La caída total del índice SP500 fue del 56%.

- **Crisis el COVID de 2020**: En esta crisis se juntaron la pandemia del coronavirus y la guerra de precios del petróleo. Por un lado, la economía se ralentizó, porque todo el mundo se tenía que quedar en sus casas por el confinamiento, y por otro lado el petróleo bajó mucho de precio, debido a un exceso de oferta provocado por el exceso de producción unido a una bajada de la demanda como consecuencia del confinamiento.

Esta fue la primera crisis en la que yo ya invertía. ¿Qué hice? Ganar muchísimo dinero. Las crisis son para aprovecharlas.

Invertí sobre todo en empresas de los sectores energético e inmobiliario, que fueron muy castigadas. Aprovechando la alta volatilidad, aquí sí que hice operaciones intradía, aunque por lo general no suelo hacer. Sí que hubo unos cuantos días en los que gané más de 5.000 al día. Parece mucho, pero podía haber ganado muchísimo más. Hay algunos fallos que cometí, así como algunas inversiones que se me pasaron porque las descubrí tarde. Pero bueno, de todo se aprende, y sé que a la siguiente oportunidad que tenga, no la voy a desaprovechar

¿Qué lecciones podemos aprender?

- La bolsa puede tener caídas muy grandes y por tiempo prolongado.
- Cuando todo el mundo está hablando de la bolsa y todo el dinero que está ganando, puede que sea el momento de salir.
- Nunca inviertas dinero que vayas a necesitar en un futuro próximo.

- Por mucho que caiga la bolsa, siempre puede caer aún más. Tienes que aprender a identificar buenos precios.

14. Be greedy when others are fearful

¿Quién define el valor de una acción? Las personas.

Todo el mercado bursátil está definido por las personas.

Todo es oferta-demanda de las personas.

Así se define el precio.

Si hay más gente de la que quiere vender, que gente que quiere comprar, el precio baja.

Y si hay más gente que quiere comprar que gente que quiere vender, el precio sube.

¿Y ya está? Sí, así de simple.

O sea, vemos que la psicología juega un papel importante en el precio de las acciones... al menos a corto plazo.

Mucha gente compra y vende acciones como si fueran cromos. Sin tener ni idea de lo que están haciendo, ni qué representa cada acción.

Piensan que es comprar una acción de una empresa que les guste, y ya está, a ganar dinero. Su plan es sencillo, compro esta acción de una empresa famosa, espero a que suba y la vendo más cara. O compro esta que vale menos de 1 dólar y seguro que se multiplica y gano mucho dinero.

Esas son algunas de sus teorías.

Pues bueno, pueden funcionarles...a veces.

¿Qué es lo peor que puede pasar? Pues que la gente que no tenga ni idea de invertir gane dinero, y lo vaya contando. Y que cada vez más gente se anime a invertir sin tener ni idea. Esto puede provocar una sobrecompra excesiva, un aumento de precios desorbitado de las acciones y generar una burbuja.

¿Y cómo acaban las burbujas? Pues muy mal. Las acciones empezarán en algún momento a caer en picado, y los que más pierdan van a ser los últimos en entrar.

Hay una anécdota muy famosa que habla sobre las burbujas: Estaba Rockefeller (el hombre más rico de Estados Unidos de su época) sentado en un banco de la calle, cuando un limpiabotas se acercó a limpiar sus zapatos, y durante la conversación, le empezó a preguntar que en qué le recomendaba invertir ya que tenía algunos ahorros y estaba planteándose invertir en acciones. ¿qué hizo Rockefeller? Vendió todo. Y poco después fue el crack bursátil de 1929 del que hemos hablado. Se salvó de la caída gracias al limpiabotas. De ahí viene la frase de

Rockefeller: "Cuando mi limpiabotas invierte en bolsa, yo lo vendo todo".

El caso contrario, cuando hay pánico generalizado, es que empieza a haber venta excesiva de acciones, que nadie quiere comprar...así que siguen bajando. Llega un momento, que el pánico puede hacer que las acciones alcancen precios ridículamente bajos. En ese momento, es cuando podrías hacer mucho dinero. Hay una frase de Warren Buffet, considerado de los mejores inversores de todos los tiempos, que dice así: "Be greedy when others are fearful" (sé codicioso cuando otros tengan miedo, en inglés).

Puedes ver aquí un ejemplo de una inversión que hice hace poco, cuando nadie quería invertir en esa acción. Quien hubiera invertido cuando publiqué el vídeo, habrá duplicado (o más si siguió comprando en la bajada) su inversión en unos meses:

Yo hay una filosofía de inversión que sigo al invertir en acciones, casi nunca invierto en nada que piense que vaya a ganar menos de un 40%. Idealmente que se pueda multiplicar. Y, cuando veo que se está acercando a mi precio objetivo, lo vendo un 5-10% por debajo de ese precio. Obviamente, el precio objetivo no es estático, sino dinámico, lo puedo ir modificando con el tiempo en función de la economía y la evolución del negocio. Que los últimos euros se los lleve otro. Por eso yo nunca invierto en el SP500 ni en ningún otro índice, a no ser que haya habido una caída muy muy grande y esté muy infravalorado.

Hay una fábula que explica muy bien el comportamiento del mercado bursátil, y ésta es de André Kostolany, inversor millonario y uno de los especuladores más reputados de todos los tiempos. Kostolany decía que el comportamiento del mercado bursátil se parece mucho a un hombre paseando a su perro. ¿qué pasa cuando paseas a tu perro sin correa? Que el perro corre por delante de ti a veces, pero luego vuelve donde estás tú. Otras veces se queda rezagado por detrás de ti, pero luego corre y te adelanta. El mercado bursátil es exactamente igual, el negocio o la economía estarían representados por el dueño del perro, mientras que la capitalización bursátil estaría representada por el perro.

¿Qué pasa entonces? Que el precio de la acción (representada por el perro que se aleja del dueño en cualquier sentido) puede subir o bajar respecto a su valor intrínseco (representado por el dueño), pero siempre acaba volviendo a su valor intrínseco.

¿Qué lecciones podemos aprender?

- Las acciones tienen un valor intrínseco.
- La cotización de las acciones varía con el tiempo, por debajo y por encima de su valor intrínseco
- Cuando veas que todo el mundo está hablando de acciones, y del dinero que están ganando, puede que sea momento de vender.
- Cuando veas que parece que se acaba el mundo, que todo el mundo quiere deshacerse de sus acciones, dan malas noticias por la tele, y hay caídas enormes en la cotización de las acciones, puede que sea momento de comprar.

15. Cómo perdí 40.000€ y cómo puedes evitarlo tú

Te voy a contar cuál fue mi mayor error de inversión.

Perdí 40.000€.

En su momento me dio muchísima rabia.

Es que imagínate que te pasa a ti.

Es mucho dinero.

Al menos en España, alguien con un sueldo medio tarda en ahorrarlo de 2 a 5 años. Ahorrar con el trabajo es muy lento.

A no ser que tengas sueldos millonarios, como los futbolistas.

Pero bueno, para eso está este libro, para que ganes dinero más rápido que trabajando.

Robert Kiyosaki, el famoso autor sobre finanzas personales, lo llamaba la carrera de la rata. Si tu única fuente de ingresos es el trabajo, y además gastas todo o casi todo lo que ganas, ya estás dentro de una carrera de la rata de la que no vas a salir.

Bueno, ese no era mi caso cuando perdí 40.000€.

Me molestó mucho, pensaba que no era posible que hubiera picado en semejante estafa.

¿Qué pasó exactamente? Que me timaron, o que fui tonto. Resulta que estaba yo en el 2021 usando el filtrado de acciones intentando buscar buenas oportunidades de inversión que me pudieran interesar.

Y encontré algunas empresas que cotizaban en Estados Unidos, pero que tenían su negocio y su sede en China. Las analicé, me parecieron buenas oportunidades e invertí. Después de invertir, empezaron a caer, y yo seguí comprando. Hasta invertir un total de unos 40.000€.

Y siguieron bajando.

Y bajaron.

Y bajaron más. Este es tu sitio.

Hasta que prácticamente perdí todo.

Acabé vendiendo a finales del 2022, harto, para usar al menos algo del dinero que quedaba, menos de 2000€.

Pero pensé: "mejor algo que nada".

Podría haberlo dejado por si se recuperaba o algo, pero lo saqué. No confiaba para nada en esas empresas.

¿Cuál fue mi fallo? No investigué lo suficiente a esas empresas, y me confié en que todas las noticias que decían eran ciertas, al igual que sus estados financieros.

Realmente existen muchos casos así.

Si te pones a buscar, seguramente encuentres muchas acciones de empresas chinas a precios ridículos.

Pero bueno, no creo que sea por el simple hecho de ser chinas.

El caso es que hay muchas empresas que son estafas, que los dueños solo buscan sacar el dinero a los accionistas para enriquecerse.

Incluso ahora, vi hace poco una empresa, que se comenta que es otro caso de estafa, no lo sé. La empresa se llama Tingo Group, y dicen desde Hidenbourg Research (firma especializada en detectar empresas que realizan prácticas engañosas o fraudulentas) que casi todo lo que dicen, así como sus resultados están manipulados. Por cierto, tampoco hay que fiarse 100% de esta firma, ya que también tiene sus intereses cuando ataca a alguna empresa.

Bueno, desde entonces, el caso es que aprendí la lección, y ahora tomo una serie de medidas a la hora de invertir en acciones para intentar bajar ese riesgo tanto de engaño como de que no se trate bien al accionista:

- Miro las presentaciones de resultados pasadas de la empresa, y si los resultados que prometen se acercan a lo que han hecho luego.
- Evito acciones pequeñas y poco conocidas de países asiáticos.
- No interesa las empresas que estén constantemente haciendo ampliaciones de capital, sacando más acciones al mercado, ya que tu participación en el negocio se diluye.
- La recompra de acciones cuando estén infravaloradas y el reparto de dividendos son buena señal, de que no te quieren engañar.
- Me centro en invertir en países que me generen confianza.
- Evito acciones con poco histórico en el mercado, a no ser que ya conozca a la empresa y su negocio. Puede darse el caso de que alguien se invente una empresa tan solo para enriquecerse
- Análisis más exhaustivo tanto de la empresa como de su dueño.

A lo largo de la historia, ha habido muchos casos de estafas en el mercado de valores. Entre los más conocidos están:

- **Caso Enron**: Enron Corporation, una compañía de energía de Estados Unidos, colapsó en 2001 debido a prácticas contables fraudulentas. Mediante engaños a inversores y la ocultación de deudas masivas, llevaron a la empresa a la quiebra y provocaron la pérdida de numerosos empleos.
- **Caso Bernie Madoff**: Bernard Madoff, un inversionista y expresidente del Nasdaq, fue condenado en 2009 por llevar a cabo una de las mayores estafas Ponzi de la historia. Operó un esquema de inversión fraudulento que prometía altos rendimientos, pero en realidad utilizaba el dinero de nuevos inversores para pagar a los antiguos. Este fraude afectó a muchas personas y organizaciones, generando enormes pérdidas financieras.
- **Caso WorldCom**: WorldCom fue una empresa de telecomunicaciones que protagonizó una de las mayores estafas contables en la historia de Estados Unidos. En 2002, se descubrió que habían inflado sus ganancias mediante prácticas contables fraudulentas, ocultando miles de millones de dólares en gastos. La empresa se declaró en quiebra y varios ejecutivos fueron condenados por fraude.
- **Caso Tyco International**: En 2002, directivos de Tyco International, una empresa de seguridad y productos industriales, fueron acusados de

malversación de fondos y fraude corporativo. Utilizaron prácticas contables fraudulentas para aumentar los ingresos y desviar millones de dólares en beneficios personales. Varios ejecutivos fueron condenados por sus acciones.

Esos son algunos de los casos de fraude que ha habido a lo largo de la historia. Ya ves que no todo el mundo es honesto en las empresas y debes tener cuidado a la hora de invertir.

¿Qué lecciones podemos aprender?

- Puede haber fraudes en el mercado bursátil
- Analiza bien a la empresa antes de invertir
- Mira cómo tratan al accionista: recompra de acciones y reparto de dividendos es señal de que respetan a los accionistas. Por el contrario, ampliaciones de capital, a no ser que estén muy bien justificadas, suelen ser síntoma de que no respetan a los accionistas.

16. Wall Street Bets y la inversión social

Hace años, la inversión en acciones estaba solo reservada a brókeres profesionales y fondos de inversión.

Ya no.

Ahora es tan fácil como descargar una app en el móvil para empezar a invertir.

Desde cualquier parte del mundo y de modo muy sencillo.

Además, ahora todo el mundo está hiperconectado a internet.

¿Y qué ha traído esto?

La inversión colectiva.

El caso reciente más famoso es el de Wall Street Bets, un subforo del foro Reddit.

¿Por qué se hizo tan famoso?

Resulta que muchos inversores del foro se pusieron de acuerdo para hacer un short squezee a las acciones de GameStop, que había sido apostado en contra por varios fondos de cobertura.

¿Qué es un short squeeze?

Cuando hay una apuesta a que una acción va a bajar. Entonces, cuando hay compra masiva de acciones, el precio empieza a subir. Y, cuanto más suba la acción, los inversores que han apostado en contra de la acción, pierden más dinero. Para intentar evitar más pérdidas, lo único que pueden hacer los que han apostado a que va a bajar, es comprar las acciones para deshacer la apuesta con menos pérdidas, lo cual a su vez hace que las acciones suban más todavía.

Pues los del foro de Wall Street Bets lo impulsaron al máximo, incluso acordaban solo comprar y no vender, para que los precios sigan subiendo. Elon Musk, el CEO de Tesla, entre otros, apoyó el movimiento del short squeeze de GamesStop, y dada su influencia, lo acrecentó aún más.

Las acciones de GamesStop se llegaron a multiplicar por 30, provocando grandes pérdidas a los fondos de cobertura que había apostado en contra de GameStop.

Después de GameStop, se intentó lo mismo con otras acciones.

Y bueno.

El caso es que ahora existen muchos foros, así como cuentas de telegram para hablar sobre acciones. Lo cual puede provocar inversiones en masa que modifiquen sustancialmente el precio de las acciones.

Destacan los que usan un tipo de estrategia "pump and dump" (inflar y tirar, en inglés). Esto es especialmente típoco de las inversiones en penny stocks y criptomonedas. ¿En qué consiste? En decidir invertir todos en algo para que suba mucho de precio, y luego vender cuando ya han ganado lo que tenían pensado. ¿Quién gana dinero con eso? El que ha convencido al resto de que compren, y ha comprado antes que nadie. Los últimos, van a perder. No seas pardillo y no piques en eso.

Si ves que sube mucho una acción poco conocida o una criptomoneda pequeña, puede que sea por esto.

Y bueno, además de los foros de inversión y las inversiones pactadas, también se están poniendo muy de moda los brokers de inversión social y el copytrading, en los que se puede copiar de modo automático las operaciones que realicen otros inversores, obteniendo una rentabilidad similar.

¿Qué lecciones podemos aprender?

- La gente se puede poner de acuerdo a la hora de invertir.
- No caigas en las operaciones pump and dump.
- Cada vez invierte más gente, muchos pueden no tener ni idea, aunque pueden mover el mercado.

17. Los ganadores de la lotería acaban arruinados

Parece mentira.

Pero es cierto.

Diversos estudios muestran que más de la mitad de los ganadores de la lotería acaban arruinados.

Sí,   arruinados.

Parece imposible.

Gastar tanto dinero tan rápido, y acabar perdiendo todo.

También hay muchos casos de deportistas, músicos y diferentes celebridades que acaban arruinador. Después de ganar millones durante su carrera.

¿Esto por qué sucede?

Porque no tienen un control de sus finanzas, no controlan sus gastos, ni invierten bien su dinero.

Si quieres tener la libertad financiera, es decir, que tus ingresos no provenientes del trabajo cubran todos los gastos de tu día a día, además de saber invertir tienes que tener un presupuesto y ceñirte a él.

Alguien que gana 1 millón de euros al mes, pero necesita gastar también 1 millón de euros al mes, y además no invierte, va a ser imposible que alcance esa libertad financiera.

Sin embargo, alguien que consiga 5000€ al mes con ingresos pasivos, si está acostumbrado a gastar 1500€ al mes, ya tendría la libertad financiera. Y podría decidir, si le apetece, dejar de trabajar.

Y si no, trabajaría por gusto, más tranquilo, y no por necesidad.

Hay un libro, La jornada laboral de 4 horas, de Tim Ferris, que habla de cosas muy interesantes, para vivir de un modo más libre disponiendo de más tiempo para ti. Una de las ideas del libro, es vivir en ciudades o países más baratos, ya que allí tu dinero vale mucho más.

Y, además, como solo gastarías 500€, podrías reinvertir el resto, siguiendo con la bola de nieve del interés compuesto.

Es sencillo. Imagínate que ya estás generando 2500€ al mes en ingresos pasivos, pero necesitas para vivir 1500€ en tu país. Si quieres dejar de trabajar, y vivir mejor que en tu país, podrías ir variando de países, a países más baratos.

Por ejemplo, puedes ir a un país en el que solo necesitas 500€ al mes para vivir, pues estarías cubriendo todos tus gastos con ingresos pasivos. Con lo que ganas en 1 mes con ingresos pasivos, estarías cubriendo tus gastos de 5 meses (o 4 dependiendo de los impuestos).

Elegir sitios baratos en lugar de caros. No hace falta ser un genio.

Por ejemplo, yo el año pasado me fui 2 meses de vacaciones a Reino Unido, y estuve casi todo el tiempo en Londres. ¿Qué pasó? Que me gasté muchísimo dinero. Londres es mucho más caro de lo que pensaba. A mí me gusta mucho viajar, pero ya decidí que cuando viaje a países caros, serán estancias más cortas.

Sin embargo, si esos 2 meses los hubiera pasado en Polonia, que tiene un coste de vida mucho más bajo, me habría gastado bastante menos.

Es fácil de entender

El caso es que hay que ser inteligente, gastar inteligentemente e invertir inteligentemente.

Hay gente que incluso pide préstamos para gastárselo en vacaciones o en ocio. Más gente de la que parece.

Veo muchos bancos que anuncian que te pidas un crédito para disfrutar de tus vacaciones soñadas o cosas así.

De locos.

Y mucha gente pica.

Desde mi punto de vista, todo préstamo es malo. A no ser que sea para invertir en activos que te den más rentabilidad, o por motivos fiscales que te acabe saliendo bien.

Cualquier otra finalidad, nunca.

¿Qué lecciones podemos aprender?

- Tienes que saber en qué gastas el dinero y tus gastos mensuales totales
- No pidas préstamos, a no ser que saques beneficio económico de ellos
- No gastes más de lo que ganas
- Usa las diferencias económicas los países a tu favor
- Tienes que conseguir que tus ingresos pasivos puedan costear tu estilo de vida.

18. Oportunidades a tu alrededor

Estuve trabajando un tiempo en una empresa que cotizaba en bolsa.

Fue una época muy buena.

Vivía en la playa y además el ambiente de trabajo era genial.

Y luego, cuando acababa de trabajar podía ir un rato por los bares de la playa. Una pasada.

Bueno.

El caso, es que, al estar trabajando allí, pues veía el panorama de cómo iba el negocio, desde dentro.

Te puedes enterar de cosas como ampliación del negocio, aumento del número de ingresos, beneficios, gastos...

Tienes mucha información.

En mi caso, yo veía que la gestión era muy buena, tanto en mi centro como a nivel global. Me había hablado la gente maravillas del CEO, que era un crack a nivel financiero. En mi centro igualmente muy buenos profesionales.

Ya comenté antes que uno de los factores a la hora de invertir en una empresa es cómo es la dirección de la misma. Yo sabía que era muy buena. Mejor que conocerlo desde dentro, imposible.

Además, podía intuir que los ingresos iban en aumento, al igual que se estaba aumentando el negocio, tanto orgánicamente como con adquisiciones. Pintaba muy bien.

Yo analicé la inversión, vi que cotizaba barato respecto a perspectivas futuras e invertí. Obtuve en poco tiempo un 50% de rentabilidad, y vendí.

Date cuenta de una cosa: las empresas publican resultados de modo público 1 o 2 meses después de que acabe cada trimestre. Tú, si estás dentro de una empresa, puedes obtener información con antelación, sólo tienes que observar desde dentro. ¿En qué se traduce esto? Ventaja competitiva respecto al resto de inversores.

Tanto si va bien como si va mal, lo vas a saber antes que el resto.

Sólo tienes que prestar atención.

Ver qué está pasando.

Y ya está. Dinero fácil.

Si tú no trabajas en ninguna empresa que cotice en bolsa, pero conoces a alguien que sí, puede que incluso te pueda dar información que puedas utilizar a tu favor.

A tu alrededor también puedes sacar mucha información.

Por ejemplo, algún producto nuevo que esté creciendo mucho su consumo. Que, de repente no pares de verlo.

Como la marca de bebidas Monster, por ejemplo.

Yo me acuerdo de que, hace unos años, en el mercado de las bebidas energéticas, Red bull era el líder, y como que parecía que sólo existía Red Bull.

Poco después, empecé a ver también latas de Monster en las tiendas de barrio, y cada vez veía a más gente bebiendo Monster. Parecía que estaba por todos lados.

¿Qué hice yo? ¿Invertir en Monster?

Ojalá.

No estuve atento.

Pues quien hubiera invertido en Monster cuando empezó a venderse por España, habría multiplicado su inversión por casi 30 veces.

Hay que estar atento.

Igualmente, para cualquier otra inversión, no solo la bolsa.

Por ejemplo, si tienes algún contacto que sea abogado de divorcios, podría darte información sobre viviendas a comprar a muy buen precio. ¿Por qué buen precio? Porque mucha gente cuando se divorcia prefiere vender rápido para cortar vínculos, aunque sea más barato. Incluso otros, que pueden estar cabreados, prefieren vender barato directamente, para que su expareja pierda dinero.

Venganzas de ese tipo existen. Las puedes aprovechar.

¿Qué lecciones podemos aprender?

- Presta atención a lo que sucede a tu alrededor. Puedes encontrar grandes oportunidades de inversión.
- Conocer una empresa desde dentro, te da una ventaja competitiva a la hora de invertir.
- Los contactos también te pueden dar grandes oportunidades de inversión.

19.   Piensa por ti mismo

Si quieres ganar dinero invirtiendo tienes que aprender a pensar por ti mismo.

Siempre verás en las noticias, analistas que no paran de sacar precios objetivos sobre las acciones. No paran.

Y claro, como las noticias quedan en el olvido, nadie se acuerda luego de que se han equivocado.

Pero perfectamente puedes buscar noticias pasadas, de algún precio objetivo de alguna empresa, verás como no hacen nada más que confundir.

Date cuenta, que puede haber varias opciones cuando un analista dice el precio objetivo de una acción:

a.   Que acierte y vaya en ese sentido: Esto parece la profecía autocumplida. Aconsejan comprar una acción, y como hay mucha gente que les sigue, la acción sube, o al menos, el día que lo han anunciado. Luego puede que las cosas cambien.

b.   Que fallen: Nadie se va a acordar en un futuro. Porque la noticia queda en el olvido. Les da exactamente igual. Aquí te podrías pensar que no, que perderían reputación si fallan. Bueno, ¿qué es lo que suelen hacer? Crean muchos fondos de inversión diferentes, les dan diferentes temáticas. Los fondos que van mal, llegado el momento los cierran y quedan en el olvido. Y siguen creando más fondos. Y no lo digo yo. Si no me crees busca en internet. Y no hace falta ir muy lejos. Busca en Google por algún fondo de inversión de algún gurú del trading en España, ya verás los resultados. Alucinante. Y en este caso digo trading porque suele fallar más que la inversión en valor. Pero hay de todo. Busca y sal de dudas.

Pero bueno, a pesar de todo, ahí siguen.

El caso es que tienen que hacer predicciones ya que se ganan la vida con eso. Y siempre salen diciendo recomendaciones para darse importancia.

Los gestores de fondos de inversión ganan dinero, aunque fallen con sus inversiones. Antes de plantearte invertir en un fondo de inversión, ten en cuenta que todos los años te van a cobrar una comisión de mantenimiento del 1.5% mínimo sobre el dinero que hayas metido, además muchos tienen comisión de éxito y comisión de reembolso.

Veamos un ejemplo:

Metes 10.000€ en un fondo de inversión con una comisión de gestión del 2% y una comisión de reembolso del 4%. A lo largo del año tiene rentabilidad negativa del 10%, así que te quedan 9.000€. Además, tendríamos que restar el 2% de la comisión de gestión, por lo que nos quedarían 8.820€. Luego resulta que te hartas, y quieres retirar tu dinero, pues tendrías que pagar el 4% de comisión de reembolso, y te quedarían 8.467.2€.

¿Resultado? Tú has perdido 1.532.8€, pero el gestor de fondos ha ganado 532.8€.

Para ellos es un negocio redondo.

Ganan siempre.

Y te digo que a mí me ha pasado. Hace 3 años, empecé a meter a varios fondos para diversificar, a unos 14 fondos diferentes, y de los 14 fondos, 11 me perdieron dinero. Ya llegó un momento en el que me harté, y saqué casi todo, con balance global de pérdidas. Actualmente sólo conservo lo de uno de esos fondos.

Es que suena a cachondeo. Les dejo mi dinero, que yo no puedo utilizar mientras, y me pierden dinero encima.

Yo ya paso.

De todos modos, te recomiendo que si quieres meter dinero en un fondo de inversión, mires que sea un gestor con alta rentabilidad histórica. No fondos generalistas que no se sepa quien los está gestionando ni su rentabilidad.

También mira que en el histórico de los últimos 10 años haya superado en rentabilidad al SP500. Casi ninguno lo supera, pero, aun así, se forran con el dinero de otros.

Otra opción es que, inviertas directamente en la empresa de Warren Buffet, Berkshire Hathaway. Cotiza en bolsa y sabes que tu dinero va a estar bien gestionado.

¿Has visto alguna vez a Warren Buffet hablar de precio objetivo de alguna acción? Seguro que no, porque nunca ha dicho nada de eso. Sólo demuestra las cosas con hechos.
Decenas de años con alta rentabilidad, y eso, que, desde mi punto de vista, mantiene una estrategia de muy bajo riesgo, muy conservadora. En más de una ocasión, él ha reconocido, que podría doblar las rentabilidades que obtiene actualmente si quisiera. El problema es que gestiona mucho capital, por lo que tiene menos flexibilidad de inversión. Eso unido a su estilo conservador, de bajo riesgo, como comenté previamente.

Y bueno, volviendo a lo de antes. No prestes demasiada atención a las noticias ni precios objetivo. Lo único que vas a conseguir con eso es alterarte, y hacer compras o ventas de modo impulsivo.

¿Qué lecciones podemos aprender?

- Piensa por ti mismo
- Los fondos de inversión manipulan el mercado con sus análisis
- No te dejes llevar por noticias ni análisis de gestores de fondos
- Si inviertes en algún fondo de inversión, invierte en uno con un gestor que haya demostrado batir al SP500 durante los últimos 10 años
- Los fondos de inversión ganan dinero siempre, aunque te hagan perder dinero.

20.   ¿Cómo encontrar buenas inversiones?

Te voy a decir el método que utilizo yo para encontrar buenas oportunidades de inversión.

Las oportunidades de inversión las encuentro de 4 modos diferentes:

I)   **Prestando atención al entorno**, como comentado antes. Se puede sacar información a tu alrededor, en tu día a día.

II)   **Mediante filtros**: Hay varias webs que permiten buscar acciones mediante unos parámetros que le des tú. Puedes poner los filtros que quieras: volumen de mercado, capitalización de mercado, PER...Lo que quieras. Este es mi método preferido y por el que encuentro casi todas las acciones en las que invierto.

III)   **Webs de inversión**: Me gusta leer webs sobre inversión, sobre todo webs de Estados Unidos, como The Motley Fool o Zacks. Aquí sólo por curiosidad me meto, para ver de qué se está hablando. Me sirve para enterarme de nuevas acciones prometedoras al igual que de acciones que yo no conocía. Pero bueno, hago caso omiso a sus recomendaciones de inversión, tanto de compra como de venta. Simplemente me informo de empresas, y si me convence el modelo de negocio, examino yo la inversión más tarde con detenimiento, pero sin dejarme llevar por las opiniones de los redactores.

IV) **Inversores de renombre**: Los fondos de inversión tienen la obligación de decir cada cierto tiempo las acciones que tienen en cartera. Y, como decía Pablo Picasso: "Los grandes artistas copian, los genios roban". ¿Qué es lo que hago yo? Pues cada cierto tiempo reviso las carteras de inversión de inversores que yo considere muy buenos, además escucho sus presentaciones de resultados. Si hay alguna empresa de las que tienen en cartera que yo no conozca, pues la empiezo a investigar. Una vez analizado todo, puedo copiar alguna idea, o no. Nunca copio nada que yo no vea que es buena inversión y con alta rentabilidad.

Robar es de sabios. Es más, si te interesa el mundo de la inversión, te puedes suscribir a mi newsletter gratuita:

Así a simple vista parece muy rápido todo. Pero para nada lo es.

Quien te diga que es rápido elegir acciones para invertir te está mintiendo. Te toma por tonto.

La verdad, hay veces que se hace cansado.

La parte que lleva más tiempo es analizar acciones. Yo recomiendo al menos estudiar la información financiera de su web, leerte las presentaciones de resultados, todas las noticias, analizar competencia, movimientos de acciones internas...En fin, un análisis de cada empresa bueno no dura menos de 30 minutos. Eso tirando a muy poco. Si en los 30 minutos del primer análisis me ha parecido aceptable pero no momento de comprar, la añado a lista de seguimiento, para analizarla más adelante. Si en esos primeros 30 minutos, me da la impresión de que puede ser buen momento, pues sigo más tiempo analizando puede que unas 2-3 horas, o más.

O sea, si quieres ganar mucho dinero invirtiendo, vas a tener que dedicar tiempo.

Como comentado antes, una vez voy descubriendo acciones que me parecen interesantes, las voy añadiendo a una lista de seguimiento, ordenada por carpetas.

En webs como Investing puedes hacer esto de modo gratuito.

Me gusta que en cada carpeta sea de un sector diferente. ¿Por qué? Porque así puedo ver la evolución diaria del sector, y la evolución de cotización de una empresa específica en relación con las de su sector. Se hace más fácil comparar.

Y lo siguiente que hago es poner alertas, que me llegarían de modo automático al móvil.

¿Qué alertas pongo?

Me gusta poner 2 tipos de alertas con cada inversión:

- **Una de variación porcentual**, que me avisa cuando la acción sube o baja en el día cierto porcentaje. Esto me sirve para prestar atención a ver si ha habido algún aspecto de relevancia importante en el día.

- **Una de precio**: Aquí pongo solo de precio objetivo. Que cuando baje a un determinado precio, me avise. Por si veo buen momento de comprar. A veces, pongo también de precio objetivo máximo, para alguna inversión que tenga en cartera y me plantee vender cuando alcanza ese precio. Pero esto segundo no siempre lo hago.

Viene muy bien esto de las alertas, para que no se te escape ninguna oportunidad de inversión.

Y bueno, el seguimiento de las acciones que tienes en cartera, o has tenido lleva menos tiempo que la elección de compra. Porque son acciones que ya has dedicado mucho tiempo a estudiarlas y sólo te tienes que ir informando de su evolución, y esto lleva menos tiempo que partir de cero con todo.

Con estos simples tips, seguro vas a encontrar ideas ganadoras.

¿Qué lecciones podemos aprender?

- Puedes descubrir buenas inversiones estando atento a tu entorno, usando filtros de webs, observando las compras de inversores de renombre o leyendo webs de inversión.
- Haz listas de seguimiento de acciones.
- Utiliza alertas en alguna aplicación del móvil, como Investing.

21.   Fondos de Inversión

Los fondos de inversión pueden ser de 2 tipos:

- **No cotizados en bolsa**: que se suelen llamar "fondos de inversión "a secas
- **Cotizados en bolsa**: que se suelen llamar **ETFs** (exchange traded fund, del inglés)

Pero vamos, los 2 son fondos de inversión. A veces, cuando nos refiramos a ambos, diremos "fondos" para simplificar.

Tanto los ETFs como los fondos de inversión no cotizados pueden ser de gestión activa o gestión pasiva.

Gestión activa es cuando hay gestores detrás que eligen las inversiones personalmente. Las comisiones son más altas.

Gestión pasiva es cuando siguen algún índice o algún conjunto de acciones predeterminado. Al no requerir atención por parte de los gestores, las comisiones pueden llegar a ser muy bajas. Ejemplos de gestión pasiva pueden ser los que siguen al índice SP500 (de Estados Unidos) o al MSCI World (del mundo). Pero hay muchísimos más diferentes.

Un punto a favor de los ETFs es que las operaciones las puedes hacer de modo rápido, al precio objetivo que tú quieras, ya que cotizan en bolsa. Mientras que una operación en un fondo de inversión no cotizado puede tardar de 3 a 5 días, tanto la compra como la venta.

Un punto a favor de los fondos de inversión no cotizados es que puedes hacer traspasos entre fondos, sin necesidad de vender, por lo que te puedes ahorrar impuesto de beneficios. Esto con los ETFs no es posible.

A mí, como comentado antes, no me gusta por lo general invertir en fondos que sigan a índices, como al SP500.

Sí puedo usarlo cuando haya caídas muy grandes.

Entre los ETFs, hay algunos que me gustan mucho. Son arriesgados. Pero en determinados momentos se puede ganar mucho dinero.

Hay ETFs, de los que me gustan a mí para momento puntuales, que están apalancados, pueden multiplicar las variaciones del índice que estaban siguiente por un número de entre 2 y 5 veces generalmente. Tanto las ganancias como las pérdidas.

Es muy arriesgado. Y no los suelo usar, salvo en momentos puntuales.

Un ejemplo de inversión que hice ahí fue en un ETF que sigue a los bancos europeos, tripliqué la inversión en unos meses, y vendí, aunque a día de hoy habría multiplicado por 5 la inversión.

Lo bueno que tienen estos ETFs es que puedes hacer apalancamiento por sectores, por ejemplo, bancos, semiconductores, medicina, etc.

Pero bueno, ya digo que los ETFs apalancados tienen mucho riesgo. Y no es para nada recomendable si no sabes lo que estás haciendo.

Yo de primeras me centraría en inversiones con menos riesgo.

Y bueno, si quieres hacer una estrategia DCA (Dollar Cost Average), que consiste en ir añadiendo dinero todos los meses a algún activo, sube o baje, la puedes hacer de modo más preciso con un ETF que con un fondo de inversión no cotizado. Ya que podrías aprovechar alguna caída repentina del índice para aumentar las compras rápido. Sin embargo, en un fondo de inversión no cotizado no podrías, porque tardaría más tiempo en hacerse la compra.

¿Qué lecciones podemos aprender?

- Hay fondos de inversión que cotizan en bolsa y fondos que no.
- Los fondos de inversión que cotizan en bolsa se llaman ETFs

- Los fondos pueden ser de gestión activa o de gestión pasiva.
- Se tardan unos 3-5 días en hacer una operación en un fondo no cotizado, mientras que en las ETFs se hace al instante.
- Existen ETFs apalancadas, más arriesgadas, pero se puede ganar mucho más dinero.
- Puedes hacer transferencias entre fondos de inversión no cotizados sin pagar impuestos.

22. Elige un país ganador

Una de las cosas buenas que tienen las inversiones es que no tienes por qué invertir en algo de tu país. En bolsa esto es muy sencillo de hacer. Hay en otros sectores, como el inmobiliario, que se complica la cosa.

Esto de tener libertad geográfica a la hora de invertir es un punto a favor muy importante. Por ejemplo, tú puedes estar en un país con una economía que vaya muy mal, como Venezuela, pero invertir en empresas de una economía más potente, como la de Estados Unidos.

Esto es muy interesante.

Y otra cosa, siempre hay momentos en los que las acciones, en término medio, de un país están sobrevaloradas, incluso que haya una burbuja.

Pero, al mismo tiempo, puede ocurrir que las acciones de otro país, en su conjunto, estén infravaloradas.

¿Qué es lo que deberías hacer? Buscar oportunidades en los países que tengan acciones infravaloradas.

Me acuerdo estas navidades pasadas, a finales del 2022, que iba camino desde Praga hasta Cracovia en bus, y me dio por buscar acciones de Reino Unido durante el viaje, ya que, desde mi punto de vista, era buen momento para comprar. Pensé en aprovechar el tiempo de viaje en algo productivo. Y lo bueno de invertir en acciones, es que puedes hacerlo desde cualquier lado, sólo con el móvil.

Pues estuve un tiempo durante el viaje, que era largo, con mi metodología. Primero filtros, luego una primera selección y después un análisis más profundo empresa por empresa. Era largo la verdad, no me dio tiempo en ese trayecto y eso que fueron unas horas. Repito, si quieres ganar mucho dinero invirtiendo en acciones, te va a tocar también echarle mucho tiempo, y mejor si te gusta, como a mí, porque si no, se te puede hacer pesado.

El caso es que solo compré 1 acción, que a día de hoy mantengo con unos beneficios de algo más del 40%, en 7 meses.

Así se gana dinero.

Ese es el resultado del análisis. Detrás de eso hay muchas horas detrás. Porque no es solo las horas que dediqué a esa acción, sino también las horas que dediqué al resto, en las que no invertí.

Date cuenta de que gané un 40% de mi inversión en 7 meses. Invertir en acciones puede ser muy lucrativo. El dinero crece exponencialmente.

Los inversores billonarios empiezan así, poco a poco, haciendo cada vez más grande la bola de nieve. Luego, con una inversión como esta, si por ejemplo, meten 100 millones de dólares, ganarían 40 millones de dólares en unos meses. Sin trabajar. Sin gestionar tampoco trabajadores. Sin vender productos. Sin nada. Por eso, los ricos que saben invertir con cada vez más ricos.

¿te parece justo?

Y bueno, volviendo a lo de antes, es conveniente que mires diferentes mercados a la hora de invertir, mira sitios baratos.

Algunos mercados en los que podrías empezar son: EEUU, Francia, España, Alemania, Bélgica, Holanda, Reino Unido. Son países confiables y en los que yo suelo invertir. Pero la cosa es ir aumentando el conocimiento del mercado de más países.

Estados Unidos, hasta ahora ha sido el país más confiable. Ya que es la primera potencia mundial, además de que suele haber una política de buen trato a los accionistas. Por lo que las acciones suelen cotizar más caras que en otros países, ya que dan un extra de garantía de calidad y seguridad.

¿Qué lecciones podemos aprender?

- No tienes por qué invertir en acciones de tu país
- Empieza poco a poco a conocer la economía e inversiones de más países
- Invierte en países en las que sus acciones estén infravaloradas

23. Fitness y Libertad Financiera

¿Cómo que fitness?

Pues sí.

Vamos a ver ahora.

Alcanzar la libertad financiera tiene muchas cosas en común con el fitness.

Tener buena salud financiera está relacionado con tener abdominales y buena salud física.

Para estar en forma y con buena salud se necesitan 3 cosas: conocimiento, ponerlo en práctica y disciplina.

Para alcanzar la libertad financiera igualmente se necesitan 3 cosas: conocimiento, ponerlo en práctica y disciplina.

Vamos a verlo en detalle:

- **Conocimiento**: Si te quieres poner en forma y gozar de buena salud física, lo ideal es que primero adquieras el conocimiento de cómo lograrlo:

cuántas calorías necesitas, tus macros, qué alimentos comer, con qué frecuencia debes entrenar, tipos de entrenamiento, etc.

Para alcanzar la libertad financiera igual: cómo funciona el dinero, diferentes opciones de inversión, cómo invertir para maximizar rentabilidad, etc.

- **Ponerlo en práctica**: Para ponerte en forma, no sirve de nada si sólo tienes los conocimientos, también tienes que ponerlos en práctica: entrenar, comer saludablemente, etc.

   Igualmente, para alcanzar la libertad financiera, no sirve de nada sólo con saber cómo hacerlo, tienes que ponerlo en práctica: gastar menos de lo que ganas, invertir, no endeudarte para comprar tonterías, etc.

- **Disciplina**: A la hora de ponerte en forma, no sólo es suficiente con tener los conocimientos y ponerlos en práctica. También se requiere disciplina, y mantenerlo a lo largo del tiempo. A todo el mundo le pasa, que empieza alguna vez en serio con un programa de deporte y comida sana, y al poco lo deja, o lo va dejando por temporadas. De ahí vienen los efectos rebote y que no se consiga progresar con el tiempo o mantenerte en buen estado físico.

Para alcanzar la libertad financiera igual. De nada sirve si tienes los conocimientos y sólo los aplicas de vez en cuando. Hay que ser constante. En este caso es realmente importante, porque como ya comentamos, puedes generar un efecto bola de nieve en el que tu riqueza se multiplique con el paso del tiempo. Así que es importante no fallar.

¿Qué lecciones podemos aprender?

- Fitness y libertad financiera tienen muchas cosas en común.
- La disciplina es muy importante para alcanzar tus objetivos.

EPÍLOGO

Un futuro financiero brillante

Quiero agradecerte por haber elegido este libro y por invertir tiempo y energía en tu crecimiento financiero. Tus esfuerzos son un testimonio de tu compromiso y dedicación.

Espero que estas enseñanzas te hayan sido de ayuda, y que ahora veas las oportunidades que se presentan ante ti de manera más clara y con una perspectiva renovada.

Recuerda siempre que tu futuro financiero está en tus manos. No dejes que las dudas o el miedo te detengan. Tú tienes el poder de crear un futuro brillante y abundante para ti y tus seres queridos. Aprovecha el conocimiento que has adquirido y actúa con determinación y confianza.

Eres capaz de lograr grandes cosas. Atrévete a soñar en grande y a tomar acción. Hoy es el momento de trazar un nuevo rumbo financiero y caminar hacia un futuro lleno de oportunidades y éxito.

¡Gracias nuevamente por ser parte de este viaje y te deseo un futuro financiero brillante y próspero!

EBOOK GRATUITO

¿Con qué broker invertir?

Esa suele ser una duda común de todo el mundo que está empezando en el mundo de las inversiones.

Para ayudar con ello, he creado un ebook que te puedes descargar de modo totalmente gratuito. De esta forma quedarás suscrito a mi lista de correo si aún no lo estás.

Además, te avisaré cuando abra las plazas del programa avanzado de Inversión en bolsa, por si quieres llevar tus inversiones al siguiente nivel.

Gracias a este ebook podrás tomar decisiones acertadas a la hora de elegir qué plataforma de inversión utilizar a la hora de invertir en acciones o criptomonedas.

En mi web puedes unirte a la lista de correo y acceder gratis al ebook "Comparativa de Brokers". Lo tienes en www.luismartin.eu/comparativa-de-brokers, registrándote con tu correo electrónico.

En este ebook tendrás las claves para elegir la app de inversión en bolsa o criptomonedas que mejor se adapte a tus necesidades.

Para conseguir el ebook también puedes escanear con la cámara de tu móvil este código QR:

1. Abre la cámara de tu móvil
2. Enfoca el código QR
3. Pulsa la notificación para acceder a la web
4. Busca el formulario y rellena con tu nombre y correo.
Haz click en enviar

¿Me ayudas a propagar el mensaje?

MUCHAS GRACIAS por dedicar el tiempo a leer este libro.

Me enorgullece que hayas llegado hasta el final.

Si tienes cualquier duda o sugerencia puedes escribirme sin problemas.

Si no es mucha molestia, me gustaría pedirte que me ayudes a dar a conocer el mensaje con una **pequeña opinión en Amazon** (se tarda 1 minuto) para ayudar a más gente a alcanzar la libertad financiera.

¿Por qué te pido esto? Si te ha gustado y, se ha servido de ayuda mi libro, así contribuirás a darle más visibilidad y que más gente pueda sacar partido de mis ideas. Además, los comentarios en Amazon son la mejor publicidad.

Me sería de gran ayuda si me dejas una **pequeña opinión** (1 línea=menos de 1 minuto). Para hacerlo, puedes ir a Amazon/Mi Cuenta/Mis pedidos, buscar el libro y hacer click en "Escribir una opinión".

Ayudemos a más personas

Permíteme hacerte unas preguntas: ¿Has disfrutado del libro? ¿Te ha aportado valor?

Mi objetivo es brindar ayuda a la mayor cantidad de personas posible, permitiéndoles mejorar el control de sus finanzas y alcanzar la anhelada libertad financiera.

Si coincides conmigo en que el dinero desempeña un papel crucial en tener un mayor control sobre nuestras vidas y que muchas personas aún tienen mucho por aprender en este aspecto, ¿te animarías a ayudarme a alcanzar este objetivo?

Imagínate por un momento a quiénes de tu entorno les beneficiaría recibir estos nuevos conocimientos que has adquirido a través de este libro.

Si te parece interesante, puedes adquirirlo fácilmente en Amazon y recibirlo en la comodidad de tu hogar en tan solo 1-3 días. Regalar libros es una inversión económica que puede generar un impacto positivo en la vida de las personas, ¡una inversión que sin duda vale la pena! Yo lo hago mucho. Además, así les alegro el día con algo que no se esperaban.

Si decides elegir mi libro para regalárselo a un familiar o amigo, estaré sinceramente agradecido por tu apoyo y generosidad. Juntos, podemos marcar la diferencia en la vida de aquellos que nos rodean.